PÅ BARRIKADEN

Tom Arild Fjeld

Copyright © 2017 by

Tom Arild Fjeld

Den norske bibelen av 1930 og King James Bibel er i helhet brukt, hvis ikke annet er nevnt.

Innledning

Fra jeg var tjue år, har jeg levd i **frontlinjen** med evangeliet over hele verden. Derfor har jeg kalt denne boken" På **barrikaden**
Jeg har vært i over seksti land. Det har ikke bare vært korstog jeg har vært involvert i. Beveger man seg ut i Jesu Kristi seier på Golgata og utøver den seier, vil man oppleve at også mye andre oppgaver av åndelig karakter dukker opp. Denne bokens første utgivelse var i 1990, jeg var 32 år da jeg skrev den.

Dette er åndelig krigføring
Utøvelsen av Kristi seier i det fysiske, i fiendens leir, verden over, gir åndelige resultater. Dette er åndelig krigføring, ingenting annet.
Jeg har vært i samtaler med nasjonale ledere, politikere og politiet på godt og vondt. Spiritister og okkultister er noe jeg alltid får kontakt med. De blir trukket som fluer til flue papir, til levende bevisst kristendom.

Åndelig bevissthet på et helt annet nivå
Der ute i den tredje verden, er den åndelige bevissthet på et helt annet nivå enn i vesten. Derfor

lar jeg de forstå og se, at en vestens mann ikke er uvitende, men har kjennskap til deres" hemmeligheter".

Denne boken er rett på sak om evangeliets virkeligheter. Dette er en positiv utfordring til deg.

Grip tak i utfordringen og kast deg ut på. Uansett hvem du er, så vil Herren bruke deg.

Kom deg høyt over manipulering av kjødet fra Satan

Slutt å tenk på alt religiøst snakk om, salvelser, nådegaver og forskjellige varianter av kriging. Dette er alt urealistisk dåraktigheter. Er du åpen under lesningen, vil denne boken forandre ditt liv.

Du vil skritte ut i en ny frihet som en gjenfødt kristen. Les også gjerne refleksjonen i slutten boken, før du begynner på selve boken.

La oss forholde oss til realitetene. Vi har alt i Kristus Jesus. Lykke til i studiet av boken.

Tom Arild Fjeld
Forfatter

Krig i fronten
I Front evangeliseringens tjeneste – Tro det djervt nok, så det skjer

Innhold

Gud har en vilje og en metode! 1
Kjærligheten er den sterkeste kraft i hele universet 6
Du må tro på en mirakelarbeidende Gud 12
Hva skal vi gjøre, for å gjøre Guds gjerninger 21
Høsten er moden 33
Verden krever å møte Guds mektige menn og kvinner 43
Den som gir - skal gis 53
Verden vil ha det vi har 57
Disse tegn skal følge de troende 63
Miraklene er for verdensevangeliseringen 70
Hensikten med pinsekraften 72
Det ufravikelige åndelige prinsipp 81
Hva betyr det å proklamere evangeliet? 92
Evangeliet i kraft 104
Bør vi se etter nye måter å nå mennesker på i dag? 111
Evangeliet med bevis 117
Vitnesbyrdet overbeviser 125
Vi er vitnesbyrdets telt 132
Hvordan kan en forkynner kalle seg en forkynner uten mirakler? 139
Åtte hensikter med helbredelsestjeneste 142
De Guddommelige helbredelsenes seks grunnsteiner 154
Blant kulturer og religioner verden rundt med evangeliet ... 169
En krigers tros dråper 202
Refleksjoner 204

Kapittel 1

Gud har en vilje og en metode!

Ikke påstå helbredelse, men gi helbredelse
Jeg tror på tegn, under og mirakler. Jeg tror på å gjøre Guds gode gjerninger! Ikke bare tale om Jesus, men *gi* Jesus. Ikke bare preke evangeliet, men *gi* evangeliet! Ikke bare påstå helbredelse, men *gi* helbredelse! Ikke skryte av at en har makt over de onde ånder, men i stedet drive ut de onde ånder!
Vi må la Satan forstå hvem vi er, slik at det blir en respekt i den åndelige verden av Kristus i oss.
Vi må bli verdenskjent i den åndelige verden, og bli gjenkjent av djevelen overalt hvor vi kommer.
Da jeg var i Asia nå nylig kjente Satan meg igjen med det samme. Ikke fordi jeg er så spesiell (hvilket jeg egentlig er – jeg og resten av men-

neskeheten, fordi vi er skapt ulike av Gud), men fordi jeg har valgt å følge Jesus.

Jeg har valgt å tro på Bibelen, og jeg følger det som står der. Dette kan skje med alle.

Troens forkynnelse er nøktern Guds Ord forkynnelse

Det er fint med troens forkynnelse. Evangeliets evige sannhet proklamert i tro er det evige budskapet vi har. troens ord, Bibelen. Men vi må være nøkterne, få balanse i livet vårt som kristne og forstå at det er en pris å betale for et liv i Guds kraft. Guds kraft er en kraft vi må betale den prisen som skal til for at vi skal kunne fungere slik Gud Fader ønsker for evangeliets seiersgang. Den prisen vi må betale med våre egne liv er individuell. Gud legger utfordringer foran oss som vi må beseire. I vandringen med Herren skal vi gå fra seier til seier og vi vokser i nåde og kjennskap igjennom det.

Vi kan ikke bare ta den ene siden, - fore oss opp intellektuelt og få en teoretisk sterk troens bekjennelse. Det vil ikke bli til noen hjelp for oss, i vår tjeneste for Kristus. Vi må frivillig betale prisen for Guds kraft, hvis vi vil ha det fungerende i våre liv for Guds ære. Det blir ikke mye igjen som du kan skryte av. Det blir ingenting igjen, men Kristus vil være alt.

Hvorfor skal vi tro?
Jo, primært for å kunne gå inn i Guds drømmer, Guds Ord. Vi må ha tro for å kunne gjøre Guds gjerninger.
Og hvor skal vi gjøre Guds gjerninger? Jo, verden over. Vi skal ha troens budskap slik at verden kan se og oppleve at Jesus Kristus er oppstanden fra de døde, og at

" Han er i går og i dag den samme, ja til evig tid!" (Heb.13,8)

Jesus ga menigheten kun to befalinger.

Den første er: " Et nytt bud gir jeg dere, at dere skal elske hverandre, liksom jeg har elsket dere." (Joh. 13,34).

Den andre er: " Gå ut i all verden og gjør alle folkeslag til mine disipler"
(Matt.28,19, Mark. 16,15).

Det er de eneste befalingene Jesus har gitt oss. Men hva skjer? Jo, se deg om i menighetene. Vi har ungdoms arbeide, barne arbeide, besøkstjeneste, juletrekomiteer og andre komiteer. Vi har basarer, kanskje til og med en misjonsbasar (for da er man liksom med i misjonen).

NB, NB
La oss gjøre Guds jobb nr. 1
Men dette har ingen ting med den oppgaven Gud har kalt oss til å gjøre, det som er Guds primærtjeneste og hjertesak.

Menighetene er opptatt av alt annet enn det Gud har bedt dem om å gjøre, og svært få har tro for å gå ut og vise verden at Jesus lever. Mange tror ikke engang at det finnes helbredelse, langt mindre har de tro for å gå ut og forkynne det. I stedet er de opptatt av å gi mer penger inn i alle mulige aktiviteter.

Mye av dette er selvfølgelig positivt, men skal vi komme noen vei, må vi konsentrere oss om det som er Guds hjertesak. Vi må reise oss opp og forstå hva Guds store hensikt er. Vi må begynne å gjøre tingene etter Guds vilje og metode.

Kapittel 3

Kjærligheten er den sterkeste kraft i hele universet

Det var den kraften som fikk Kristus til å fullføre sitt verk, og det er den kraften som gjør at vi er frelst i dag. Det er kjærlighetens kraft som gjør at Guds nåde har bevart oss. Det er kjærlighetens kraft som har fått Ham til å være overbærende med oss.

Guds nåde er nok for oss alle
Som han sa til Paulus:" Min nåde er deg nok", sier han også til oss. Det er fantastisk, jeg vet hvem Kristus er, og jeg vet Hans nåde er nok for deg og meg.
Hvis ikke Guds nåde hadde vært nok, hadde vi kun eksistert, ikke virkelig levd livet.
Jeg hadde ikke vært noen kristen i dag hvis ikke Guds nåde hadde vært nok for meg. Og slik er det også med deg, og med resten av verden. Guds nåde er nok!

Kjærlighetens kraft er universets sterkeste kraft. Heleverden har krav på å få høre om den, og muligheten til å oppleve den.

" Jeg kom ikke med visdoms overtalende ord, men med Ånds kraft og bevis," sa Paulus."
(1 Kor 2, 4)

Hva er Åndens bevis?
Gud er ånd, Gud er kjærlighet. Ånds bevis er da en demonstrasjon av Guds kjærlighetens Ånd. Hvis du er født på ny har du Guds kjærlighets Ånd i din ånd. La da Guds kjærlighets Ånd få lov til å begynne å tre frem i ditt liv!
Du kan ha Guds kjærlighets Ånd inne i den "blikkboksen" som er ditt sjelsliv som vi styre selv. La du den begynne å få sprekker, begynner" ånds duften" å sive ut. Da forstår du hva som skjer. Guds Ånd får mer og mer overtaket over din personlighet din sjel.

La Guds kjærlighet få overtakt på deg.
La Guds kjærlighet få begynne å ta tak i din personlighet og befrukte ditt sjelsliv. La Guds kjærlighet bli en del av deg, ja bli alt i deg. Det

viktigste av alt er Guds *Ånds bevis* igjennom deg, til den verden som er rundt deg.

Tegn under og mirakler ført frem i kjærlighetens Ånd.
Det går ikke med tegn og under alene. Det må være tegn, under og mirakler ført frem i kjærlighetens ånd. Du må ned på det plan mennesker er, og løfte dem opp og til Herren. Kan du ikke det, så har du noen flere runder å gå med Herren. Mennesker må se Kristi kjærlighet i oss, samtidig som de ser Kristi forløsnings kraft. Vi skal la de se at Gud elsker dem igjennom oss. Det er den eneste måten å bevise Guds kjærlighet på. Mennesker må få oppleve en ærlig kjærlighet til dem. Guds kjærlighet får du ikke uten å overgi deg helt til Kristus. Gjør du det, så kommer lidenskapen også frem. Den følger kjærligheten. Kom med Ånds bevis, ikke med visdoms overtalende ord eller svære prekener om Guds kjærlighet. Nei, som et vitne med ditt liv, gir du Guds kjærlighet. Det er det første og det viktigste.

Guds mirakelkraft og Guds kjærlighet.

" Si til de urolige hjerter: Vær frimodig, frykt ikke! Se, der er deres Gud! Hevnen kommer, Guds gjengjeldelse, han kommer selv og frelser dere.
Da skal den lamme springe som en hjort, og den stumme juble. For kilder bryter frem i ørkenen, og bekker i ødemarken." (Jesajas. 35, 4-6)

Vi er de som kan få det til – kilder i ørkenen og bekker i ødemarken. – Men vi får det ikke til uten å komme i Guds kjærlighet, med en demonstrasjon av Guds Ånd. Du vil ikke klare å få menneskers hjerter til å smelte, hvis du ikke kommer med Guds kjærlighet.

Tegn og under er ikke alfa og omega. Guds kjærlighet er alfa og omega!
Og Guds kjærlighet inneholder alle ting. Det er den som får kilder til å bryte frem i ørkenen, - bryte frem i mennesker som er levende døde, og går omkring uten mål og mening. De bare eksisterer – i sin døde religion eller filosofi. Gud har en kjærlighet og barmhjertighetskraft som er rettet mot mennesket.

" Jesus sa: Herrens Ånd er over meg, fordi han har valgt meg til å forkynne evangeliet for fattige ..." (Lukas 4, 18)

La mennesket få høre at de alle skapt for en spesiell hensikt
Vi skal forkynne for de som er fattige og fortelle dem at de er blitt gjort rike i Ham. Vi skal løfte dem opp og fortelle dem at de er noe, at de er viktige personer og at hver enkelt er skapt med en spesiell hensikt. Hvert menneske er en edelsten i Guds øyne.

Lukas 4,18 fortsetter:" Han har utsendt meg for å forkynne fanger at de skal få frihet, og blinde at de skal få sitt syn, for å sette undertrykte i frihet".

Guds mirakelarbeidende kraft frembåret i Guds kjærlighet!
Når vi kommer med Ånds og krafts bevis finnes det ingen makt som kan stå seg imot oss. Kanskje får du motstand til å begynne med, før mennesker oppdager hva det dreier seg om. Men når de opplever at vi kommer med Ånds bevis uten fordømmelse, og elsker dem og helbreder

deres syke, da kommer interessen for det vi aler om.

Vi må ta det første skrittet, å vise verden hva kristendom er, vi må være Bibelens budskap. Vi er redskapet som skal være vitnesbyrdet til verden.

Krafts bevis
Troen på en mirakelarbeidende Gud er nedlagt i alle, så faktum er at det finnes ingen ateister.

Paulus sa:" Dersom du med din munn bekjenner at Jesus er Herre, og i ditt hjerte tror(på mirakler) at Gud oppvakte ham fra de døde, da skal du bli frelst" (Romerne 10, 16)

Det er ikke nok bare å si med sin munn: Jesus er min Herre! Du blir ikke frelst av det. Nei, du må også tro at Gud oppvakte Jesus fra de døde, - da skal du bli frelst.

Kapittel 4

Du må tro på en mirakelarbeidende Gud

Guds ord hadde ikke sagt at du må bekjenne med din munn og tro med ditt hjerte at Gud oppvakte Kristus fra de døde, - hvis det ikke var mulig for en hedning å gjøre det.
Troen på en mirakelarbeidende Gud er lagt ned i deg. Spørsmålet er om du vil tro det. Derfor må vi komme med kjærlighet, altså Ånds bevis.
For når mennesker opplever kjærlighet blir de villige og velger rett. Jeg har sett dem komme i tusener, og dere skulle sett de ansiktene: fulle av besluttsomhet om å tjene Herren.

"Alt har han gjort skjønt i sin tid, også evigheten har han lagt i deres hjerte, men således at mennesket ikke til fulle kan forstå det verk Gud har gjort, fra begynnelsen til enden"
(Forkynneren 3, 11)

En del av evigheten er i alle mennesker
En del av evigheten er nedlagt i alle menneskers indre, i deres ånd. Hvorfor? Jo, fordi alle mennesker er skapt i Guds bilde. (1. Mos. 1,27), og Gud er ånd (Joh. 4,24). Men på grunn av synden ble menneskets ånd uren.
Likevel har det altså en del av det evige i seg, og den delen har tro nok i seg til å kunne ta imot Kristus. "Min nåde er deg nok".

Det evige livets alvor
Av nåde er tro lagt i deg fra skapelsen av, så du skulle være i stand til å ta imot frelsen (Ef. 2,8). Derfor sier skriften også at

" den som gjør sin nakke stiv gang på gang, til sist finnes det ingen legedom"
(Forkynneren 29,1).

Det betyr at de gjør sitt sjelsliv hardt og bare står imot Guds kall. De kan tro hvis de vil, men står imot til deres ånd ikke lenger har noen mulighet for kommunikasjon mot det guddommelige. De har forherdet seg.

Jesus sa:" Hva er lettest, enten å si til den verkbundne: Dine synder er deg forlatt, eller å si: Stå opp og ta din seng og gå?

Men for at dere skal vite at Menneskesønnen har makt på jorden til å forlate synder – så sier han til den verkbrudne:

Jeg sier deg: Stå opp og ta din seng og gå hjem til ditt hus!

Og han sto opp og tok straks sin seng og gikk ut for alles øyne, så alle ble ute av seg selv av forundring og priste Gud og sa: Slikt har vi aldri sett." (Markus 2, 9 – 12)

Dette er beviset: tegn, under og mirakler. Her beviste Gud ved et mirakel at det er tilgivelse for synd. Han kom med Ånds og krafts bevis.

" Og når dere går av sted, da forkynn dette budskap: Himmelens rike er kommet nær! Helbred syke, oppvekk døde, rens spedalske, driv ut onde ånder! For intet har dere fått det, for intet skal dere gi det" (Matteus 10,7-8)

Vi skal forkynne med vår munn, fylt av kjærlighetens Ånd.

På samme måte som en selger må tro på den varen han frembyr, taler vi overbevisende, må vi også fremlegge beviset.

I hver en kampanje jeg har verden over, skjer helbredelser og utfrielse fra demoner. Det har skjedd fra første gang jeg var i Afrika som ung gutt. En enkelt Guddommelig inngripen i form av en helbredelse gjør forskjellen.

Den lille gutten født med tærne bakover og hæelene fremover, Saival, Pakistan
Jeg husker den lille gutten som var født med tærne bakover og hælene forover. I dette spesielle møtet var det vanskelig å tale, så etter en stund ut i talen, sa jeg til Herren: du får ta over: Så tok Herren over og underet skjedde øyeblikkelig. Faren kom opp på plattformen med den lille gutten. Da folket så det, brøt gleden ut.

Vi viser frem himlenes rike som vi har talt om, og det er ved Guds nåde det hele skjer.
Ved at vi helbreder syke i Jesu navn, forstår mennesker at Jesus også tilgir synd, og at de kan bli nye skapninger i Kristus Jesus. Fordi de ser

mirakler, forstår de at Jesus Kristus er oppstanden fra de døde.

Mange sier at tegn, under og mirakler er uvesentlig, men det er noe av det aller viktigste i" front - evangelisering".

Jesus sa: Og hvor dere kommer inn i en by og de tar imot dere, da skal dere ete hva de setter frem for dere, og helbrede de syke som er der, og si til dem: Guds rike er kommet nær til dere!

Men hvor dere kommer inn i en by og de ikke tar imot dere, der skal dere gå ut på dens gater og si: Endog støvet som er blitt hengende ved våre føtter av deres by, stryker vi av til dere, men dette skal dere vita at Guds rike er kommet nær."
(Lukas 10, 8 – 11)

Enten vi kommer til såkalte ateister i vesten, eller til hinduer, muhammedanere og buddhister i Østen og helbreder de syke og forkynner at himlenes rike er kommet nær, vil resultatet være det samme.
Vil de fortsatt holde på sin ateisme eller religion vil de i alle fall nå vite at Jesus lever og er Guds

sønn og at Han elsker dem, - uansett hvor mye de står imot.

Åndens og krafts bevis, aktiverer den lengsel som er nedlagt i mennesket. Gud selv overbeviser.
Vi er seierherrer ved Jesus Kristus, og fryktløst sier vi til dem: Dere vet at det vi sier er sant. Vi husker fra beretningen om den rike mann og Lasarus hvordan den rike mannen ba Abraham sende noen fra dødsriket for å vitne for familiens hans. Men Abraham sa: Hvis de ikke tror Moses og profetene, så vil de heller ikke tro om de så mirakler.

Et valg må tas
Når vi forkynner for mennesker med Ånds kraft og bevis, så forstår og vet de at det er sant det vi taler om. Når mennesker ser tegn, under og mirakler, så må de ta en avgjørelse.
Hvilken avgjørelse de tar er opptil hvert enkelt menneske. De må respekteres for det valget de gjør. Vi er frie mennesker, med et fritt vilje liv.

Budskapet blir trodd enten de vil ha det eller ikke.

Det er vidunderlig å vite at når vi lever for Jesus og forkynner evangeliet og handler på det, så tror mennesker budskapet, selv om de sier de ikke gjør det. Den åndelige mekanismen for lengsel etter Gud er nedlagt i alle.

Så du ser, vi er alltid over. Hvilken mektig Gud og hvilket mektig budskap vi har. Når Guds kraft er tilstede øker kallet ut ifra den Hellige Ånd og mennesker må ta en avgjørelse.

Vi kommer ikke med visdomsovertalende ord og lager en teologisk sølvtungeforkynnelse, for å få mennesker til å tro. Det blir å forkynne ut ifra vårt eget sansekunnskaplige tanke. Vi forkynner enkelt slik Jesus ba oss om. Vi forkynner Kristus, og mennesker tror det.

Mirakler frelser ingen – Jesus frelser.

" Og han sa til dem: Gå ut i all verden og forkynn evangeliet for all skapningen! Den som tror og blir døpt, skal bli frelst, men den som ikke tror, skal bli fordømt" (Mark. 16, 15-20)

Her kunne det like gjerne stått: Den som ikke vil tro, skal bli fordømt.

Fortroen på den oppstandne Jesus er nedlagt i alle mennesker. Og når vi da kommer i Ånds og krafts bevis, så har alle troen aktivert.
Spørsmålet er om de *vil* tro. De som ikke vil tro dømmer seg selv og bringer seg selv i fortapelsen. Gud dømmer ingen.
Jesus sa: Og disse tegn skal følge dem som tror: I mitt navn skal de drive ut onde ånder, de skal tale med tunger, de skal ta slanger i hendene, og om de trikker noe giftig skal det ikke skade dem, på syke skal de legge sine hender, og de skal bli friske.

" Så ble den Herre Jesus, etter at han hadde talt til dem, opptatt til himmelen, og satte seg ved Guds høyre hånd" (Mark. 16, 17-19)

Mellom versene 18 og 19 kunne Apg.1,8 hvert satt inn:" Dere skal få kraft idet den Hellige Ånd kommer over dere, og dere skal være mine vitner."
Dere skal legge frem håndfaste bevis for at jeg er oppstanden fra de døde.
Men de gikk ut og forkynte ordet allesteds, og Herren virket med og stadfestet ordet ved de tegn som fulgte med!

Tidsalderen for mirakler er vår tidsalder

Dette var i den første menighet, og det er den generasjonen vi tilhører. Vi tilhører den tid som kommer etter Kristus, og vi er de som skal gå ut og forkynne evangeliet med Ånds kraft og bevis. Visdoms overtalende ord har vi ikke bruk for, de reiser bare sjeliske tankebygninger i et menneskes intellekt og hindrer det i å forstå det som har med det himmelske å gjøre. Det som da er det fantastiske, er at Gud glemmer oss ikke

" Jesus sa: Se, jeg er med dere alle dager inntil tidsalderens ende." (Matteus 28, 20)

Tal det ut og handler på det, så skal dere få det. Det er i deg! Guds store drøm om kjærlighet til alle mennesker:
Fellesskap ,barmhjertighet ,medfølelse og utfrielse skal fungere, demonstrasjonen av Hans storhet og sannhet igjennom deg.

Tegn, under og mirakler er hva Gud bruker for å få mennesker til å se sannheten. Derfor kan vi ikke skille tegn, under, mirakler og evangelisering av en døende verden.

Kapittel 5

Hva skal vi gjøre, for å gjøre Guds gjerninger

Når vi er forkynnere og proklamerere av Guds ord, må vi søke Gud og la Ham lede oss inn i en dypere åpenbaring. En den dypere åpenbaring enn det vi får, ved å lese Bibelen første gang.. Mennesker roper til Gud om mer åpenbaring, uten å forstå at åpenbaring er i Ordet og i veiledning gjennom Ordet.
Mennesker ber om et kall, men også kallet er i Ordet. "I begynnelsen var Ordet, og Ordet var hos Gud, og Ordet var Gud". (Joh, 1,1) Ordet er Gud, og den som spiser Ordet blir selv ett med det.

Folket spør Jesus:" Hva skal vi gjøre for å gjøre Guds gjerninger?" (Joh. 6,28)
Slik spør mange i dag også, - mennesker som har bestemt seg for å følge og tjene Jesus og komme inn i Guds plan med sitt liv.

Løgner må avsannes og det sanne presenteres
I begynnelsen av samme kapitte Joh. 6,5-14 leser vi om hvordan mennesker fulgte Jesus, da de så de tegn han gjorde på de syke. Joh. 6,2, Legg merke til at Jesus ikke avviste dem. Han sa ikke:" Alt dere er ute etter er mirakler for deres egen del og det dere kan ha nytte av for øyeblikket".
Hvor ofte får vi ikke høre fra de religiøse når helbredelse blir forkynt: Alt han er ute etter er å opphøye seg selv og lage sensasjon. Ja han ønsker til og med tjene på det! men slike anklager må vi avsanne, og vi må presentere den rette
rekkefølgen av åndelige verdier for å kunne bli Guds sanne mirakelarbeidere.

Er guddommelig helbredelses – og mirakeltjeneste en kjødelig brød- og fisketjeneste, eller er det Jesu tjeneste?
Hvorfor fulgte folket Jesus ut i Ørkenen? Jo, fordi de " så de tegn Han gjorde ved å helbrede de syke". Han helbredet dem og mettet dem, men kunne det være en åndelig tjeneste?

Mirakler og helbredelser er en meget viktig del av Kristi verk og arbeid. Se fortellingen om den lamme mannen i Mark. 2, 9-12.

Fremtidens vekkelse og suksess ligger hos de som oppdager hvordan de kan gjøre Guds gjerninger, og som også forstår hvorfor de skal gjøre disse gjerningene.

Jesus sendte ikke folket hjem mens Han bebreidet dem fordi de ønsket seg brød, fisk og helbredelse. Nei, Han ga dem mat og helbredet de syke. Hvorfor? Vi finner forklaringen i

" For dertil er Guds sønn åpenbart, at Han skulle gjøre ende på djevelens gjerninger" (1 Joh. 3,8)

Satan tar – Gud gir
Kristus kom for å gjøre ende på djevelens gjerninger. Satan **tar** mat fra folket, Gud **gir** mat til folket. Satan **tar** helsen fra folket, Gud **gir** dem helsen tilbake. Kristus kom for å løfte menneskeheten opp og gi den noe godt, gi den noe å leve og dø for. Han kom for å sette menneskeheten fri! Luk. 4,18 og Matt. 8, 16-17.

Alle forstår – verden trenger et mirakel

Alle forstår at verden trenger et mirakel, for det er det eneste som kan gjenopprette den. Mennesket selv klarer ikke å ordne opp, verken med sin teologi eller sin medisinske forskning.

Jesus kom for å gjøre sin himmelske Fars vilje (Joh. 6,38). Kan da **vår** tjeneste bestå i noe annet enn det Jesus gjorde? Må vi ikke gjøre de gjerninger Han gjorde, vi som er sendt for å tjene menneskeheten i Hans navn?

Vi må begynne å se muligheter i enhver mulighet, istedenfor umuligheter i enhver mulighet. For vår Gud er en mirakel- Gud.

Guds natur er tegn, under og mirakler.

I Matt. 14,21 leser vi at 5.000 menn (Hvis deres hustruer og barn var med, var det nok en 50.000 mennesker) som spiste seg mette på to fisker og fem byggbrød, fordi Jesus var (og er) en mirakelarbeidende Gud.

De som fulgte med Jesus, fulgte med ham fordi de så et tegn Han gjorde på de syke, opplevde også dette brød og fiskemiraklet, og de sa:
" Dette er profeten som skal komme til verden". (Joh. 6,14)

Flotte taler forandrer ikke menneskers hjerter – bare Guddommelige mirakler kan forandre menneskers hjerter.
Folket opplevde en demonstrasjon av Jesu mirakel - arbeidende kraft og kom straks til det punkt da de ble i stand til og var villige til å følge Herren.
Vi kan aldri få frelst verden med flotte prekener. Alle forstår at det ikke lar seg gjøre. Ingen ting annet enn mirakler kan forandre menneskers hjerter.

Sosial misjon er prisverdig – men misjon uten tegn, under og mirakler får ikke misjonsbefalingen gjort, Mark 16, 15 – 18.
Misjonærer har de siste 50 – 100 år gjort sitt aller beste for å få utrettet noe, men de som kun har talt på tradisjonell måte, uten å tro på mirakler, har hatt små resultater. Det er bra med taler og sosialt arbeid, men hvis vi vil gå i kompaniskap med Herren må vi gå etter
Hans prioriteringsliste, - ikke vår egen. Og tegn, under og mirakler er hva Han vil.
Nøkkelen til åndelig gjennombrudd, er tegn under og mirakler

I den vestlige verden lar det seg for så vidt gjøre å forkynne uten tegn og under. Folk sitter stille og hører på, og noen kommer frem til forbønn.

Det skapende overbevisende må til
Men i India og Afrika går det ikke. Der må vi ha det skapende og overbevisende med oss, det som kan skape revolusjon og forvandle hjertene. Der kommer vi straks i direkte konfrontasjon med Satan, og må bevise at det vi taler om er sant. Kan vi ikke legge frem håndfaste bevis er det bare å reise hjem igjen, da har vi ingen ting i den tredje verden å gjøre.

Den rasende tyske misjonæren
I en liten muslimsk by i Øst-Afrika for mange år siden, ble en tysk misjonær rasende fordi mennesker ble frelst og helbredet da jeg stilte meg opp på torget og proklamerte budskapet om Jesus. Han hadde vært der i to år uten en eneste omvendelse, og nå beskyldte han meg for å ødelegge det han møysommelig hadde prøvd å bygge opp.
Hadde han vært ydmyk og villet samarbeide, kunne vi ha arbeidet sammen og opplevd store

seire for Herren der i byen og distriktene omkring.

Tegn, under og mirakler er nøkkelen til alt som har med vekst i Himmelens rike å gjøre.
Verdensevangeliseringen er tegn, under og mirakler. Forsøk ikke å forkynne at det er seier over Satan i Jesu navn, hvis du ikke tror det, og tør handle på det du bekjenner.
I Norge kan du gjøre det, rope halleluja på møtene, og rope takk og lov at Satan er beseiret. Men prøv ikke i India, hvis du ikke kan stå for det du sier, for da vil Satan prøve deg på din bekjennelse.

Kanskje dette er årsaken til at verdens situasjonen er som den er.
Det ingen er tro på tegn, under og mirakler. Kanskje det er grunnen til all strid og misnøye.
Peter fornektet Jesus tre ganger. Men han var ærlig og hadde bestemt seg for å tjene Herren, derfor ble han reist opp igjen og kunne i Apg 3,6 be en lam mann reise seg og gå. Og ut fra det ene miraklet ble 5.000 frelst.
Peter hadde forstått hva han skulle gjøre for å få Guds gjerninger Da han ble døpt i den Hellige

Ånd gikk lyset opp og han forsto at han måtte gjøre det samme som Jesus gjorde. For Jesus forkynte om Guds rike og helbredet de syke og sa at vi skulle gjøre det samme.

De åndelige gjennombruddene – følger de som har funnet nøklene

Fremtidens vekkelsesbevegelse er ikke organisasjoner, store ledere eller sølvtungeforkynnere. Fremtidens vekkelse ligger hos de mennesker som finner svaret på hvordan de skal kunne gjøre Guds gjerninger.

Les bibelversene Joh. 6, 2,23-27

Hvis vi leser vers 2, så ser vi folket fulgte Jesus da de så de tegn han gjorde på de syke. Disse fulgte etter Jesus, fordi de så tegnene.

" Folket sa også: Dette er i sannhet profeten som skal komme til verden" (Joh 6, 14)

Nå ble det brød og fisk til 5000 menn foruten kvinner og barn. Folket var de som hadde sett tegnene på de syke. De fikk også del i en større velsignelse, overfloden av mat.

Går vi til v 23 og 26, tar historien en annen vending.
Dere søker meg fordi dere åt av brødet og ble mette, sa Jesus:

De så ikke miraklet de så bare maten.
Dette var de som hadde kommet over fra Tiberias. De hadde hørt om matutdelingens under og kom med båt til Kapernaum.

Da de fant Jesus sa han til dem:" Dere søker meg, ikke fordi dere så tegn, men fordi dere åt av brødene og ble mette." (Joh 6, 23 og 26)

v 27" Arbeid ikke for den mat som forgår, for det som bare hører sansene til, men arbeid for den mat som varer ved til evig tid, den som menneskesønnen skal gi dere. På Ham har Faderen Gud satt sitt innseg." (Joh 6, 27)

La oss prioritere Guds **hjertesak nr. 1. verdensevangelisering**
Det viktige er ikke sosialt arbeid og matutdeling, sykehus og barnehager. Heller ikke store flotte menighets bygninger i multi million klassen. Hvis du vil være med å fremme Guds rike som

en Jesu tjener, så gå eter Guds prioriteringsliste. Der står mirakler først."

Guds prioriteringsliste er mirakler først
Mirakeltjeneste og helbredelsestjeneste er topp åndelige tjenester.

" Hold ikke kjød for din arm, sett din lit til Herren av hele ditt hjerte."(Jeremias 17, 5-7)

Se ikke på brødet og fiskene, men se på miraklet som skapte dem. Se på den mirakelarbeidende Gud som står bak.
De som er budbringere med gjenfødelse til Ånden og helbredelse til legemet er ikke i brød- og fiske- tjenesten. De er i den åndelige tjenesten.

" Jesus sa: Arbeid ikke for den mat som forgår."
Kylling og karri revolusjon? -matutdeling i India,
Flere tusen kom til utdelingen. Vi ga dem ris, kylling og karry. Vi hadde et spesielt telt for de spedalske. Men her stanser det når du er i brød- og fiske- tjenesten.
Du får ikke revolusjonert menneskers liv med karry og kylling.

Matutdelingen hører med fordi vi har omsorg for menneskene, så i den grad vi har mulighet til å gi humanitær hjelp, så gjør vi det også.

Når vi forkynner evangeliet så legger vi frem håndfaste bevis; Vi helbreder de syke i Jesu navn!
Det får menneskene til å ta en avgjørelse.

Kylling og karri eller evangeliet?
En muhammedaner med leddgikt i hele kroppen kom til oss. Han kunne nesten ikke gå. Hva hadde det hjulpet å gi ham kylling og karry? Han hadde fremdeles trodd at Muhammed var Guds store profet og at Jesus bare var en liten profet. Men vi forkynner Jesus Kristus, Guds sønn, død og oppstandelse. Frelser og helbreder av de syke i Jesu navn. Dette så denne manen. Derfor når vi spurte: Er Jesus Kristus Guds sønn? Så svarte mannen: Ja, Jesus er Guds sønn. Så tok han imot Jesus Kristus som frelser og helbreder. Mirakeltjeneste er åndelig tjeneste.

Stakkars kyllinger
Jeg hadde flere dager TV programmer og møter i menigheten til Dr. Lester Sumrall i South Bend,

Indiana på 80 tallet. Vi snakket i et av programmene om denne turen min til India.
Det eneste han hadde å si om mat udelingen, litt spøkefullt var. Stakkars alle de kyllingene som gikk med til maten. Lester Sumrall hadde i en stor del av sin tjeneste, et stort" feed the hungry" mat prosjekt gående. Han hadde egne lastefly som transporterte mat til kriserammede områder i Afrika. Der var han også med personlig.

Dr. Lester Sumrall sa til meg en dag på kontoret i menigheten i South **Bend**:

Tom, i årene fremover, blir det større demonisk og Sataniske angrep på planeten Jorden, enn noen gang i historien. Det har bare eskalert siden Jesus vant seieren på Golgata. Englene vil være med deg flere og mer enn noen gang. På et av møtene reiste han seg opp etter jeg var ferdig med å tale og sa: Tom, du er blant de som Tommy Hicks profeterte om.

Kapittel 6

Høsten er moden

(Joel 1, 4, 7 -10 og 12)

Profeten Joel var pinsens profet. Dessuten la han ut med brennende lidenskap om de hendelser som skulle inntreffe i de siste dager. Satan er ikke fornøyd med å ta fra oss noe eller mye, han er ute etter å ta fra oss absolutt alt. Hans ønske er å ta fra oss ethvert håp.

" Det gnageren har levnet har vrimleren ett, hva vrimleren levnet har slikkeren ett".
Studer Bibel stedene Joel 1, 4 7-10 og 12.

Satan ønsker menneskeheten helt til bunns.
Satan ønsker død over Kristi menighet på jorden. Han ønsker alt guddommelig liv og all guddommelig glede vekk fra menneskeheten.
Det stemmer hva Joel sier, mesteparten av verden er slik i dag. Det gjør at de som ser noe av

hva Gud vil, og hvordan han vil gjøre det har et ansvar lagt på seg.

Marken er ødelagt, jorden sørger. Alle markens trær er tørket bort, all fryd er svunnet bort.

Som en frukt av denne tilstanden kommer hat, bitterhet, sjalusi, stolthet osv. Når vi vet at vi ikke er noe må vi **prøve** å være noe. Vi må for all del vise mennesker omkring oss at vi er noe. Det er en tragisk tilstand at verden må leve i et selvbedrag for å overleve.

Midt opp i denne tilstanden kommer Guds medisin til en syk verden. Jeg har reist i over 30 nasjoner med evangeliet og det er likedan overalt. De få som har noe, er ingenting mot det store antallet som ikke har noe.

Hva er medisinen?

Omvendelse, faste, ny innvielse og overgivelse til Gud.

" Kle dere i sørgedrakt … Er vi i stand til å rope til Herren?" (Joel 1,13-14)

Vi behøver ikke sitte og vente på et" Himmelkall."

Gå inn i Bibel boken og se jordens befolkning igjennom den. Da vil du forstå den viktige del tegn og under er i verdensevangeliseringen.
La oss rope til Herren om at han må bruke oss, og så handler vi, går ut i tro på det roper til Herren om. Vi går inn i faste og sier: Bruk meg! Så går vi ut, og han bruker oss. Så enkelt er det.

Vend om
" Vend om ..." (Joel 2,12-13 og 15-16)

La Gud få tak i hjertet ditt. La hjertet bli sønderrevet istedenfor klærne.
La Guds lidenskap få tak i deg. Hvis vi mener alvor med Gud så stiller vi opp alle sammen.
Vi har troens ord, Gud har gitt oss budskapet, og vi vet at det er for verden. Vi går ut og Herren bruker oss.
Han kunngjør resultatene: Gjenopprettelsen av Guds herlighet, utgytelsen av den Hellige ånd

" Jeg godtgjør dere de år da vrimmelen åt opp alt.. Og deretter skal det skje ..."(Joel 2,25-26)

Gud retter alt opp igjen.

Nå er vi kommet til triumfens øyeblikk! Den nye begynnelsen i våre liv – drømmer, syner, profetiske ord. Han befalte at de som Ånden ble utgytt over skulle proklamere budskapet ut blant hedningene. Vi som var fratatt alt har fått en ny begynnelse.
Herren har ikke glemt oss. Han retter opp alt, gjennom oss. –Vi er verdens håp! Hvis ikke vi stiller våre liv for Ham, blir ingenting gjort.

Triumfens øyeblikk
" Smi hakkene om til sverd ….Den svake sier: Jeg er en helt! Send sigden ut, for høsten er moden. Deres ondskap er stor" Joel 13, 14-18:

Se på verden hinduene, muslim verden, alle andre religioner, stammer, ætter. Ja, hele hedning verden. De skal alle få kjenne sannheten, og sannheten skal sette dem fri, hvis de vil ha friheten i Kristus. Det er en helt frivillig sak.
Vi proklamerer og demonstrerer sannheten, og menneskene tar imot, for verden er moden. Vi gir jordens befolkning Kristus. Guds velsignelse vil begynne å blomstre i deres kultur, i deres eget hjemland, der de hører hjemme. Et hvert land vil

komme under Guds rike velsignelse der Kristus Jesus blir Herre.

Slipper vi til i muhammedansk land og får folket foran oss så vinner vi dem for Kristus, fordi vi har svaret. Vi er svaret i Kristus. Dette har jeg sett skje hver gang uten unntak, når jeg har vært verden rundt og møtt verdens befolkning øye til øye.

Skare på skare samles i" avgjørelsens dal".
Utgytelsen av den Hellige Ånd hadde til hensikt å vinne hedningene, høste inn folkehavet.

" Hver den som påkaller Herrens navn skal bli frelst" (Joel 3,5)

Vi må ikke sitte og vente. Vi har kallet og utrustningen i Boken, Guds Mirakelbok.

" Jeg har satt foran deg en åpnet dør"," (Apg 3,8)

" meg er gitt all makt ... gå derfor ut .... " Matt. 28,18-19

Vi kan ikke ta hensyn til hva djevelen eller menneskene sier, for Gud har sagt:" Gå! **Nå!**"

Gå nå
Når du får denne innstillingen så går det gjennom overalt der du dukker opp.
Når du legger livet ned for å nå målet, er kampen vunnet.
Da vet demonene: Her kommer en som ikke lar seg stanse. Da stikker Satan. Da kan du si:" Satan er ikke her fordi jeg er her! Jeg er her i Jesu navn som en Jesu disippel.
Ingen sykdom kan bli stående når jeg sier at den må gå! Når jeg sier at du er fri, så er du fri!".

Satan og demonene har sett bevisene mang en gang.
Det er bevist både for Satan og demoner, at de er beseiret. Da Kristus sto opp fra de døde, lå det en evig beseiret djevel bak ham og det har vi oppdaget! Det lever vi etter, og om det er" litt" motstand går vi bare på.

Det er en pris å betale, og en vei å gå, og dette er Guds hensikt.

Det er nemlig gjennom det praktiske du lærer, ikke gjennom teorier. Kanskje må du lage hjelpemidlene selv for å komme i gang å proklamere evangeliet – da gjør du det. Når du da står frem har du en autoritet, du har hele overblikket og lar deg ikke velte overende, verken av frykt eller begeistring.
Du har kontrollen og behersker situasjonen. Da begynner du å bli en" helt" for Herren. Da skjønner du at diskusjoner og krangler mellom kirkesamfunn er barnesykdommer som tilhører baby- stadiet. Så dype vil vi ikke fornedre oss.

Tegn, under og mirakler!
Vi forkynner **hele** Guds råd. Vi er bevisprodusenter. Allerede i Ap.gj. 1 sier Herren:" Dere er mine vitner". Vitner om det vi har sett. For at mennesker kan vende seg fra mørke til lys, fra Satans makt til Guds.
Derfor går vi ut og forkynner under og mirakler, for å overbevise verden om at Han lever. Dette er en herlig tjeneste!

2 Mos sier:" Dere skal rive ned deres altere" (2 Mos. 34,13)

Fullt så brutalt pleier ikke jeg å svare, jeg behøver ikke si noe imot andre religioner.

Paulus sa:" Jeg vil ikke vite noe annet enn Jesus Kristus korsfestet, død og oppstanden"
(1 Korinter 5, 2)

Vi **bevis**er for verden at Jesus er død og oppstanden, at Han er Guds sønn og verdens frelser. Da vil de legge ned det de har tilbedt, og Kristus kommer frem som frelseren. Og vi kan si: Dere ser at fetisjene og avgudsbildene er døde, og dere ser at Jesus lever.

Disse gudene kan ikke hjelpe dere, de bare hindrer dere i å komme i kontakt med den levende Gud. Så hvorfor ha dem lenger? Ta dem av dere, fjern dem fra hjemmene deres og gi livet til alt livs giver, Kristus Jesus

Har heksedoktorenes fetisjer gjort noen friske?

Jeg spurte om dette i et møte. Da ristet folket på hodet og sa nei. Men har dere sett at Jesus helbreder syke? spurte jeg videre, og det måtte de innrømme at de hadde sett Jesus helbrede syke i møtene.

Så ba jeg dem ta av fetisjene og kaste dem opp på plattformen, slik at folket kom i rett posisjon for å motta utfrielse og helbredelse fra Jesus. Over hele plattformen lå det fetisjer. Vi samlet dem sammen og brant dem opp foran folkets øyne, og de tok imot utfrielse fra Kristus.

Slave øya Zanzibar

Zanzibar var en av stedene vi gjordet dette. Vi brant amuletter som mennesker hadde fått av heksedoktorer. Dette ble en veldig maktdemonstrasjon i den åndelige verden. Dette ble vist på TV Zanzibar i nyhetssendingen som dekket hele Tanzania foruten øya Zanzibar. Heksedoktorene har hatt til denne dag en reell makt over menneskene i denne nasjonen.

Menneskets åndelige lengsel frir eller fanger oss.

Vi trenger ikke overbevise folk med taler. Hensikten med et ånds fylt liv er å demonstrere en levende Gud Jehova, han som har skapt alle ting. Da folket opplever dette vil legge ned sine døde avguder.

La dem bare få se et mirakel.

De vil overgi til Jesus alt når de får se han lever. Nå må vi reise oss og la Gud få være den han er i oss og igjennom oss til verdens folk!

Kapittel 7

Verden krever å møte Guds mektige menn og kvinner

Verden krever å få se at Jesus Kristus er en levende realitet.

" Evigheten er nedlagt i alle mennesker" (Forkynneren 3, 11)

Alle mennesker hungrer etter det overnaturlige. Verden krever å få et møte med Guds mektige menn og kvinner. Det har ikke vært for mange av dem, men de finnes og de blir stadig flere.

" Rop dette ut blant hedninger folkene: Rust dere til hellig krig. Kall på heltene og la krigsmenn stige frem og dra ut!" (Joel 3,14-15)

Men hvor er alle helter og krigsmenn? Kaller ikke Gud mennesker til å bli helter og krigsmenn i dag? Jovisst gjør han det. Det står i Boken.

Du sier kanskje du ikke har kall til verdensevangeliseringen. Men er ikke din egen nasjon en del av verden?

Over halvparten har ikke hørt navnet Jesus nevnt en eneste gang.
  De dør daglig i sult og fattigdom, en fattigdom som den vestlige verden ikke kan forestille seg.

Vi du ta imot Guds utfordring - Å bli en krigshelt – så blir du det
Hvis ikke du vil, så må Gud la en annen bli det. Herren kaller på alle, men Han tvinger ingen. Du må ta avgjørelsen, tilbudet ligger der. Adam og Eva hadde sin frie vilje. De kunne velge om de ville leve i hagen med overflod fordi Han elsket dem, men de valgte feil, som de fleste kristne har gjort.
De har ikke vært villige til å bli krigsmenn og helter for Kristus. De vil bare sitte i sine myke sofaer hjemme og kritisere nabomenigheten, og sier:" De har ingen ting, men vi har så mye".

Hadde du hatt noe – hadde du vært der ute
Sannheten er vel at ingen av dem har noe, for hadde de hatt det, så ville de vært der ute og

gjort tegn, under og mirakler og vist verden at Jesus er oppstanden fra de døde. Da hadde de vært krigshelter.

Jeg fant ingen
" Jeg søkte iblant dem etter en mann som ville mure opp en mur og stille seg i gapet for mitt åsyn til vern for landet så jeg ikke skulle ødelegge det, men jeg fant ingen" (Esek. 22,30)

Vil du gå – vil du bli en krigsmann
Det står ikke:" Jeg kaller deg og drar deg ut og setter deg inn". Nei, jeg søkte etter en mann som ville … Gud søker å finne noen som er villige til å bruke sitt viljeliv og si: " Jeg velger å bli en krigsmann".

" Jesus sa til sine disipler: Høsten er stor, men arbeiderne er få. Be derfor høstens Herre at Han skal drive arbeiderne ut i sin høst"
(Matteus 9,37)

Den eneste måten Gud arbeider på, er ved sin kjærlighet.
Du har denne kjærlighetens drivkraft i deg, som kan gjøre deg til Guds mann eller kvinne. Er du

villig til å la denne drivkraften ta over i ditt liv? Mange roper: Kjære Jesus, kom snart igjen. Hvordan skal Jesus kunne komme tilbake når det er så mange som ikke har hørt om Ham?. Vi må være realister, med bena på bakken.

Hva gjør vi – verden roper
Vi må finne ut hvordan vi kan nå denne verden med evangeliet. Nå bor det ca. 4, 3 milliarder i Asia i 2013. Asia er i dag omtrent ikke evangelisert og vil være det enda mindre i de kommende år. Med resten av verden vil vi ha til sammen ca. 7 milliarder.

Det er regnet ut at i tiden som kommer vil tre av fire omvendelser skje til muhammedanismen og bare en til kristendommen.

Uansvarlig kristen kultur
Og her hjemme sitter vi og sier at det er nok ikke Guds vilje for meg å dra ut. Jeg skal være ungdomsarbeider i en eller annen menighet, sier en. Og jeg skal være pastor med fin villa, bil og kjøregodtgjørelse og bra lønn og gå til oppvarmet møter to ganger i uke og servere prekenen uten at noen hiver stein etter meg, sier den andre. Alle sitter pent og pyntelig og hører på,

noen går frem til forbønn og blir bedt litt for, og går sin vante gang med juletrefest osv.

Hindu festivaler annenhver uke i Asia

I Asia er det hindufester annenhver uke, og menneskene er villige til å ofre livet for det de tror på.
Soldatene til Khomeini har begravelse hjemme før de går i krigen.
Mens vi her hjemme går og lærer trosteknikker så vi kan dulle litt mer med oss selv.
Nei, vi må få det rette synet på situasjonen, og bli det som Han har ment at vi skal bli: Hans mirakelarbeidere verden over. Vi må adlyde Kristi befaling.

" Jesus sa til vantro disipler: Gå ut i all verden og forkynn evangeliet for all skapningen, med tegn under og mirakler." (Mark 16, 15 - 18)

Jesus krever at du gir Guds ord og ikke bare forteller om det

Du skal **gi** velsignelsen til menneskeheten.

" Så dere en sæd som rettferdigheten krever, bryt dere nytt land" (Hoseas 10,12)

Misjonens ulydighet og selvrettferdigjørelse

Ved mange misjonsstasjoner kommer det nye misjonærer og arbeider bare på det samme feltet, mens hele verden ligger der og ikke har hørt noe. Deres ulydighet imot misjons befalingen er ikke i deres tanker. De er opplært til en tradisjonell ulydig utførelse av den. Det er bra med sosialt arbeid og helse arbeid, men det er ikke befalingen Jesu ga.

" Begjær av meg, så vil jeg gi deg hedningene til arv og jordens ender til eie" (Salme 2,8:)

Du må selv ta initiativet.

" Begjær av meg, og jeg vil gi deg". Begynn å begjær hedningene, så vil du få dem.
Ingen ting i verden er så interessant, som å forkynne evangeliet for dem som aldri har hørt det, å stå og proklamere Guds kraft. Men det er ingen ting som er så hardt heller.
Mange tror at det nærmest er en feriereise å dra ut og forkynne for dem som aldri har hørt evangeliet.
" Han reiser mange timer med fly til solens land! Han har det fint!" Nei, det er en hverdag mye hardere enn vi opplever her i den vestlige ver-

den. Bilder fra misjonsmarken gir ikke et helt inntrykk, det er hørsel, lukt og en daglig erfaring som må til for å få det sanne bildet.
Når du kommer ut og ser selv, blir alt annerledes.

Du får verden i blodet og blir aldri mer den samme Bremser du med bilen så er tiggerne over deg med en gang og viser frem arm- og benstymper og ansikter som er ødelagt av spedalskhet. Det er en slik en nød overalt.
Jeg hørte om en som dro ut til India fordi han ønsket tjene Jesus som misjonær. Han var ikke så sterk en gutt i utgangspunktet og var heller ikke grunnfestet i Guds ord. Da han kom til India og ble konfrontert med Satans ånde verden, gikk det ikke så bra. Han kom hjem igjen etter kort tid og ble lagt inn på psykiatrisk sykehus. Sønnen til Moris Cerullo som heter David opplevde noe av det samme. Men det gikk bedre med han enn med overnevnte.

Du må forberede deg på krig og seier i krigen.
Det er en hard virkelighet. Men er du villig til å la Gud få tak i livet ditt, og gjøre deg til en av sine helter, så blir du en av Guds helter.

Da står du distansen ut

Du kan ikke skille tegn, under og mirakler fra verdensevangeliseringen, for det er nettopp med dette formål tegn, under og mirakler er gitt til menigheten.

Et levende fellesskap er et evangeliserende fellesskap

En levende menighet er en evangeliserende menighet, evangeliseringer er på en måte blodet i menigheten, som opprettholder livet i den.

" Den som gir skal få"." Send ut din sigd i høst, for høsten på jorden er overmoden».
(Åpenbaringen 14, 15)

Høsten er overmoden

Om du reiser litt rundt i verden, så ser du at jordens befolkning er overmoden. Det vil du se selv om du ikke har lest det i Bibelen. Så kommer du til vesten hvor kristne sier:" Nei, Herren har ikke kalt meg til det. Jeg skal være pastor på en utpost her".

Jeg våger å si følgende; Vesten har hørt evangeliet. Ute i verden har de aldri hørt om Jesus, og aner ikke hvem Han er og hva Han har gjort.

Veldig mye kristendom er egoisme.
Vi tenker bare på oss selv. Vi ber Gud om ting for oss selv, mens de der nede verken har sko eller bukse. De fødes, lever og dør på fortauene, menneskene bor på søppelhauger. Bare bruk litt logikk.
Verden ligger der uevangelisert, høsten er overmoden.

Begjær Guds ords oppfyllelse igjennom ditt liv

" Begjær av meg, så skal jeg gi deg hedningene til arv og jordens ende til eie." (Salme 2, 8)

Konklusjonen blir ganske enkel, enten drar du, eller underholder en som drar. Adlyd Herren og begjær hans ord i oppfyllelse igjennom ditt liv.

Nektet å be for syke i Pakistan
I Pakistan, da jeg ble nektet å be for syke, og måtte forlate korstoget, kom menneskemengden

etter meg. Det var 12.000 på dette møtet. Akkurat som små lam stakk de frem hodene for at vi skulle be for dem. Det ble rene folkevandringen etter meg.

De var glade bare for å få en berøring av en Guds mann. Mennesker vil løpe etter deg, de vil elske deg når du kommer som en Guds mann. De foldet sine hender og gråt av glede i sine fargerike sarier, smykker og på malte tegninger. Menneskeheten er fantastisk, la oss gi dem Kristus.

Det er ingen annen måte å evangelisere verden på enn ved tegn, under og mirakler! Vi er kjærlighetens svar til verden.

Kapittel 8

Den som gir - skal gis

Vi må alle få syn for disse tingene. Redningen for den vestlige verden er at vi gjør noe for resten av verden. Når vi gir til andre, får vi selv. Menigheter som ikke har noen utadrettet virksomhet, smuldrer bort og blir til ingen ting. Du får ikke noe i en lukket hånd.

Milliarder av mennesker bare venter
Går du på gaten i India så myldrer det av mennesker, like mye om natten som om dagen. De bor på gaten, ligger side ved side bortover fortauet.

" Og meget folk fulgte Ham fordi de så de tegn Han gjorde på de syke" (Joh. 6,2)

Helbredelses tjeneste er en åndelig tjeneste
Mye folk vil følge oss også når de ser de tegn vi gjør på de syke. Helbredelsestjenesten er åndelig

tjeneste. Vi går ut og forkynner evangeliet med tegn, under og mirakler, og da vil vi være i stand til å høste skarene for Kristus.
På den måten proklamerer vi at Kristus er stått opp fra de døde, og da kan ikke mennesker si imot lenger. Selv om de ikke tar imot Kristus, så vet de at Jesus er Guds sønn.

Alle mennesker har rett til å høre evangeliet
Når de får se Guds kraft tror de, fordi troen på det er nedlagt i dem. De blir trukket til Kristus som jern til en magnet. De legger ned avgudene sine.

Vi snakker ikke mot avguder, vi snakker bare om Kristus.
Jesus mirakeltjeneste er den eneste muligheten til å få mennesker til å omvende seg.

Jesus ble ikke korsfestet mellom to gull lysestaker inne i en katedral.
Han ble korsfestet mellom to tyver ute på markedsplassen, der alle gikk forbi, de fattige, rike utlendinger, tyver og kjeltringer, baktalere og mordere.

Evangelisering skjer ikke i menigheten, men utenfor

Det er også der ute blant menneskene evangeliet skal forkynnes, ikke inn i fine katedraler med gullysestaker og fin mosaikk på veggene.
Der ute blant folket skal det forkynnes og proklameres og bevises. " Vekkelsesmøte" i menigheten er egentlig helt ubibelsk. Evangelisering skjer ikke i menigheten, men utenfor.

Det kristne gjestehuset

Jeg overnattet en gang i tre dager på et slags kristent gjestehus i Afrika. Der kom det fra tid til annen misjonærer på rekreasjon. Av en eller annen grunn var det helt umulig å komme i kontakt med dem.

Alle muslimske ansatte ga sine liv til Jesus

Det arbeidet 15 muhammedanere på gjestehuset, men misjonærene distanserte seg helt fra de innfødte og snakket ikke med dem.
Jeg spurte om å få holde morgenmøter med betjeningen, og det var helt i orden. Enden på det hele var at jeg fikk be til frelse med alle sammen. Vi må bli helt fri denne holdningen fra kolonitiden.

Vi skal ikke stå over folket, men heller under og løfte dem opp.

Du kan ikke hjelpe mennesker ovenfra og ned. Teologiske debatter hjelper ingen. Verden krever Guds menn i konfrontasjon. Det er ikke nok som noen gjør, å vitne for pasientene ved sykehusene misjonen har bygget.

Det er bare en` måte å få massene til Kristus: Å forkynne evangeliet med tegn, under og mirakler. Når verden ser en Guds mann svermer de sammen for å høre på ham.

Kapittel 9

Verden vil ha det vi har

Vi er skapt med en huger etter det mirakuløse
Kristus visste hva som måtte til: Tegn, under og mirakler. Det er Gud som har bestemt hvordan ting skal kunne gjøres. Han vet hva slags agn vi trenger, for Han har skapt oss. Han har skapt oss med en hunger etter det mirakuløse.

Min første tur til India
Første gang jeg var i India hadde jeg ikke noe planlagt opplegg. Gud viste meg at jeg skulle reise til Moskva med Bibler først. Derfra reiste jeg til Bombay, men jeg og min venn kjente vi skulle videre, så vi tok et fly til Mangalore, helt syd i India.
Historien om alt som skjedde i Sovjet unionen i 1978 under Bresjnev og KGB finner du i andre av mine bøker.

Guds utsendte

I Mangalore ble vi møtt på flyplassen av brødre som Gud hadde sendt. De hadde fått beskjed av Herren om å møte en mann som het Tom og som kom med fly fra Bombay. De hadde bestilt hotellrom, og alt var klart. Drosje sto utenfor og ventet. Vi satte oss in og kjørte inn til hotellet. Vi hadde ingen planer. Men vitne om Jesus gjør vi alltid, så det var planen som da var i tråd med Markus 16, 15.

Bønn for syke på hotell rommet

Noe av det første jeg gjorde når vi kom til hotellet, var å spre ryktet om at helbredelse av de syke ble gjort på hotellrommet. Mennesker begynte å komme for å bli helbredet. Mange ble helbredet og ryktene gikk. Etter hvert ville mennesker ha meg rundt i landsbyene å helbrede syke i Jesu navn. Dette var bare hinduer, tenk på det.

Kan du komme å be en bønn i huset mitt

Vi var rundt i flere landsbyer, besøkte hjem og ba for syke. Dette ville vi mer enn gjerne. Vi dro ut for å be for syke i landsbyene. og Ja, det var på den Bibelske måten det foregikk. Ryktene gikk, dagen etter var det en annen familie som lurte på om vi ville komme til dem også og be en bønn i huset deres.

Klare for frelse og helse
Da vi kom dit var hele nabolaget samlet, alle syke i nærområdet hadde kommet, de sto på rekke og rad og ventet på frelse og helse. Mange hadde store svulster, jeg husker jeg klemte til dem i Jesu navn, og de forsvant mellom fingrene mine. Døve fikk igjen hørselen. Slik skjedde det overalt.

Reist hele natten for å bli frelst
En ung pike hadde reist hele natten, hun hadde reist 36 mil. Ikke for å bli helbredet, men for å bli frelst. Hun sto allerede på knærne på gulvet da jeg kom inn.
Hun ventet på frelsen. Jeg ba med henne og hun ble født på nytt der og da. Dette var en fantastisk opplevelse.

En lengsel etter Kristus over alle grenser i alle folkeslag
Verden lengter etter å få se mennesker som har den oppstandne Kristus i seg. Menneskene var i

en slik takknemlighet at de bøyet seg ned og kysset føttene mine, men jeg ba dem reise seg opp.
Dette vitner bare om hvilken lengsel det er. Disse menneskene opplevde en åndelig forløsning etter mange år i mørket.
Jeg hadde vært en kristen i fem år på denne turen. Jeg ville være tro mot det som Gud hadde gitt meg. Responsen til evangeliet var overveldende. De elsker deg når du kommer med evangeliet. De vil gi alt for deg, når du gir alt for dem. Du opplever kjærligheten og kjærlighetens gjensvar. Du opplever ikke kritikk, men de respekterer deg og ser på deg som en Guds mann. De ser på deg som det du er.

" Mens Han nå var i Jerusalem i påsken, på høytiden, trodde mange på Hans navn, da de så de tegn Han gjorde" (Joh. 2,23)

" Og mange folk fulgte Ham fordi de så de tegn Han gjorde på de syke" (Joh. 6,2)

Du kan ikke skille tegn, under og mirakler fra verdensevangeliseringen.

Det ene fungerer ikke uten det andre. Du blir en attraktiv person når Kristus virker igjennom deg. Mennesker kan vente hele natten for at du skal be for dem, og de tar imot når du legger hånden på dem i noen sekunder.

" Idet Gud vitnet med både ved tegn, under og mange kraftige gjerninger og utdeling av den Hellige Ånd etter sin vilje" (Hebreerne 2,4)

" Herren virket med og stadfestet ordet med de tegn som fulgte med" (Markus 16,20)

Det står nesten ikke om noe annet. Paulus la ingen vekt på sin store kunnskap, men han la vekt på tegn, under og mirakler. "

".. føre hedningene til lydighet.. ved tegns og unders kraft ...". (Romerne 15,18-19)

Paulus kunne med sin kunnskap virkelig legge ut, han som var en Fariseer av utdannelse. Han kunne Bibelen før han overga seg til Kristus. Men han sier: Jeg akter det gamle som skarn, som urent.

Hans fremgang, hans suksess i tjenesten var på grunn av tegn, under og mirakler.

Det er den eneste måten.

" For jeg vil ikke driste meg til å tale om annet enn det som Kristus har virket ved meg for å føre hedningene til lydighet ved ord og gjerning, ved tegn og unders kraft, ved Åndens kraft" (Romerne 15, 18-19)

Det er bare en vei - tilbake til Bibelens egne metoder for evangelisering. Det betyr millioner av mennesker for Himmelens rike.

Kapittel 10

Disse tegn skal følge de troende

Min første tur til Afrika
Første gang jeg var i Afrika og holdt møter, talte jeg bare i femten minutter, så ba jeg folket legge hendene på sitt syke sted. Deretter befalte jeg de syke til å bli friske i Jesu navn.
Det er ikke vi som skal frem, men Jesus i oss. Og Han virker i oss med sin mirakelkraft. Vi bruker det som Kristus har gitt oss, i stedet for å stole på det vi kan si og gjøre selv. Vi stoler på Herren og Hans kraft, da går det igjennom til seier for Kristus.

Jeg talte i femten minutter – jeg hadde vært frelst i tre år.
På dette møtet jeg her refererer til, ble det helbredet mange på en gang, og jeg som ikke hadde vært kristen i mer enn tre år! Jeg talte i femten minutter om kraften i Guds ord, og så befalte jeg sykdommene å komme ut. Herrens kraft var til

stede og under og mirakler begynte å skje. Flere stumme talte og halte begynte å gå normalt. Mennesker som var plaget av demoner opplevde utfrielse. Demonene kom ut med høye skrik.

Jesus lever, og vi må tro det!
Vi må leve ut ifra en holdning at vi tror han er oppstanden og har beseiret Satan og demonene for all evighet.

Vi er tilbake til befalingen fra Markus 16, 15 og apostlenes gjerninger 1, 8. Det er den samme befalingen til alle i dag. Det er riktig at noen har forkynnende oppgaver og hjelpetjenester av forskjellige slag.

Vi er troende alle som er født på ny
Men vi er alle troende, og" disse tegn" skal følge dem som tror. (Mark. 16,17) Noen får dem i større grad og styrke, knyttet til en forkynnende oppgave.

Alle gjenfødte skal kaste ut demoner og helbrede syke i Jesu navn.
Utkastelse av onde ånder og helbredelse av syke er for alle som tror uten unntak. Her finnes ingen

unnskyldning for ikke å bli en del av dette. Det er kun ulydighet imot Kristi befaling som holder deg unna. De kristnes feighet er stor, og unnskyldningene er mange og kreative i sin løgn presentasjon.

Uten evangelisering og forkynnelse om Himlenes rike, blir det ingen suksess. Uten evangelisering og forkynnelse om Himlenes rike mister miraklene sin skriftmessige hensikt! De henger sammen og er avhengige av hverandre. Det er mirakelevangelisering vi er kalt til. Det er det som er Guds hensikt: evangeliet med tegn og under til alle land.

" Jeg kom ikke med mesterskap i tale, skrøpelighet, frykt og meget beven ... min forkynnelse var ikke med visdoms overtalende ord, men med **Ånds kraft og bevis"** (1Kor. 2, 1-5)

Menigheter bygd på forsonings verkets kraft
Derfor ble det grunnlagt sterke menigheter i den første tiden. Mirakelmenigheter som trodde på mirakler, ba om mirakler, forventet mirakler og opplevde en kontinuerlig strøm av mirakler. Helt i tråd med det de trodde.

Slik skal det også være med oss. Vi lever også i den samme tidsepoke som den første menigheten. Fra Jesus for opp til Himmelen og til Han kommer tilbake er en og samme tidsepoke.

Vi skal bare forvente større ting nå enn de fikk oppleve i den første tiden, for ondskapen er større i dag.

Vi trenger mer tegn, under og mirakler i dag.

" Evangeliet om Riket skal forkynnes til et vitnesbyrd …" (Matteus 24, 14)

Martyr
Ordet vitnesbyrd på gresk er martyr, og ordet martyr betyr en som legger frem håndfaste bevis om at det han taler om er sant. Verden skal se ved tegn og unders kraft at det vi forkynner er sannhetens budskap.

Når hele jorderiket har fått det, kommer Kristus tilbake.
Vi har et stort arbeid foran oss. Mengden av uomvendte mennesker øker bare stadig. Sam-

tidig blir det færre og færre misjonærer med tegn og under.
Det er nemlig ikke mange av dem. Vil du stå opp som en mektig mann eller kvinne? Du må gjøre opp med Gud hva du vil gjøre.

Du trenger ikke gå og vente på et kall.
Ta en avgjørelse sammen med Gud. Mennesker går fortapt over hele verden fordi ingen kommer med tegn og under og forkynner kjærlighetens budskap. Mange kunne vært redet. Vi bestemmer hvor snart Jesus skal komme tilbake. Han bare venter på at evangeliet skal komme ut.

" Hvis du ikke advarer den ugudelige når jeg sier til ham at han skal dø, hvis du ikke taler til den ugudelige og advarer ham mot hans onde ferd så han kan berge livet, da skal han dø for sin misgjerning. Men deg vil jeg kreve til regnskap for hans blod" (Esek. 3,18)

Vestens eventyrverden
Vi lever i en eventyrverden her i vesten, der vi er pakket inn i bomull. Vi ser krig og elendighet på TV, mennesker blir skutt ned uten at vi reagerer på det.

Vi reagerer heller ikke på det overnevnte bibelverset. Det angår liksom ikke oss. Det er så langt borte. Det samme gjelder verdensevangelisering. Det har på en måte ikke noe med oss å gjøre. " Stakkars mennesker", sier vi, og så er det glemt igjen. Vi må ha et oppgjør med Herren på kammerset.

Det er bortkastet og dra ut og forkynne uten tegn og under.
Jeg fordømmer ingen. Mange er uten skyld, fordi de har vært under en feilaktig forkynnelse. Er du det, vil du til slutt tror de at det skal være slik en teoretisk Kristus. De er blitt lurt. Det er blitt vranglært.
Vi må gi verden en levende og positiv Jesus. Det er ikke nødvendig med kulturkurs for å gå ut i verden med evangeliet. Da hadde Jesus sagt det. Bibelen er kulturkurs godt nok.

Bibelen den sanne kultur boka
Bibelen er kultur boka som passer inn overalt. Blant hinduer, muhammedanere, shintoister, naturreligioner osv. Du trenger verken språkkurs eller andre kurs, du glir inn overalt.

Finn deg en nasjonal tolk som kan tolke fra engelsk. Det er ikke så farlig om han ikke er frelst, det blir han etter å ha tolket deg i et par møter.

Vi må rive ned grensene og ikke begrense Gud. Skal vi oppleve storverk så må vi rive ned festningsverker og alt som vil ramme oss inn.

Kapittel 11

Miraklene er for verdensevangeliseringen

Den vestlige verden trenger dette budskapet.
Lever vi ut og adlyder misjonsbefalingen vil sterke felleskap/menigheter vokse opp som aldri før, og evangeliseringen av verden vil bryte frem som en flod.
Vi har svaret. Jesus er svaret.
Evangeliet rager uendelig høyt over enhver religion.

En pastor i Sør- India hadde bedt i 5 år om at noen skulle komme til hans hjemby og be for de syke
Han kom til vårt hotell der vi ba for syke og miraklene skjedde. Pastoren kunne ha bedt for de syke selv, men han så det ikke. Vi kom vi som svaret på hans bønner. Verden venter på oss!
Vi hadde da et korstog i hans hjemby. Vi satt det opp i løpet av 2 dager. Jeg hadde 500 norske

kroner. Litt provisorisk hjemme snekring, kobling av ledninger og en gammel stensil masking som pumpet ut løpe sedler. Vi var i gang, hinduene strømmet til.

Det første miraklet - Helbredet fra polio

Det første miraklet om skjedde og som løste ut skredet av hinduer som søkte frelse, var en gutt på 12 år som satt på bakken med bena under seg. Han hadde polio.

Budskapet mitt den kvelden hadde jeg gitt navnet" masse helbredelse". Det var en frimodig tittel, men frimodige må vi være.

Etter talen ba jeg en helbredelses bønn for alle. Alle hadde endene imot meg og mine hender imot deres. Da jeg ropte:

Vær legt i Jesu navn og kikket ned på en ung gutt med polio i sine ben, sto han opp på sine tynne ben og gikk. Jeg ropte til ham flere ganger og han gikk og gikk. Han stoppet ikke opp. Miraklet var hans i Jesu navn. Hinduene i byen omvendte seg til Kristus på grunn av et mirakel. Tegn og under og mirakler er Guds metode til evangelisering.

Kapittel 12

Hensikten med pinsekraften

På en måte er det samme vi snakker om hele tiden, men det er vinklingen som forandres. Vi underviser i Ordet under forskjellige vinkler.

Apg. inneholder det siste Jesus sa før Han ble tatt opp til Himmelen:

" Dere skal få kraft idet den Hellige Ånd kommer over dere, og dere skal være mine vitner både i Jerusalem, hele Judea, Samaria og like til jordens ytterste deler". (Apg. 1, 8)

Jeg tar med litt som ikke står i den norske Bibelen på samme måte. Dette verset kommer mellom Mark. 16,18 og 16,19.

Vi skal merke oss tre ting her i Apg 1,8:

1 Kraft Dette er kraft i bevegelse på gresk. En mulighets skapende kraft. Mektige gjerninger, mirakelkraft og overnaturlig styrke er betydninger av dette ordet på gresk. Det har også flere betydninger, men dette er noen av de viktigste. Ordet Dynamis (gresk) finner vi også andre steder i Bibelen, for eksempel i Johannes 1,12 Overnaturlig styrke og mirakelkraft, kraft i bevegelse er Guds skapende, overnaturlige kraft. Jesus snakker om den samme kraften som skapte himmel og Jord.

Det er **denne** kraften Jesus sa vi skal få motta. Hva skal vi da med en slik enorm kraft? En kraft som kan bevege alle ting, ja, skape ting? Vi trenger ingen kraft til å dele ut traktater, eller gå på møter, eller å diskutere. Vi må være traktaten.

2 Vitne, på gresk martyr. Det betyr en som legger frem håndfaste bevis på det han taler er sant. I dag kommer alle med løfter, men det er sjelden de kan oppfylle sine løfter. Isteden kommer unnskyldninger som sier at omstendighetene var slik og slik, så de ikke var i stand til å oppfylle sine løfter. Men vi er ikke dominert av omstendighetene, og det er Guds kraft vi har med å

gjøre. Løftene er garantert, de går i oppfyllelse hvis vi er sanne Jesu Kristi vitner.
" Dere skal få kraft", sa Jesus. Dere skal legge frem håndfaste bevis på at Jesus Kristus er Guds sønn, på at Han er oppstanden fra de døde.
Det er mange som heter Jesus. Muhammedanerne kjenner Jesus, som profeten Jesus. Men vi forkynner Jesus Kristus, Guds levende sønn. Det er noe helt annet. Det er det samme som å si at Han er oppstanden fra de døde. Han er Gud selv, den mirakelarbeidende Gud. Da forandrer atmosfæren seg.

3 Til jordens ytterste ender. På gresk: det innerste, skjulte og fjerntliggende, de siste fronter. Paulus kalte det for" de ennå unådde områder". Det Jesus egentlig sa var dette: Dere skal få mirakelkraft, overnaturlig energi og muligheter idet den Hellige Ånd kommer over dere, og dere skal være i stand til å legge frem håndfaste bevis på at jeg er oppstanden fra de døde, mirakelbevis. (Noen få bibelsteder: Ap.gj. 1.22, 2.32, 3.15, 4,33).
Og dere skal utøve denne mirakelkraft med bevis i deres egne byer, og til det indre og skjulte,

fjerntliggende siste fronter av sivilisasjonen, - de unådde områder.

Noe er missforstått
Vi har altså misforstått noe vesentlig av dette. Kraften er ikke noe vi skal ha for å sitte i menighetslokalet, det er ikke noe vi trenger for å dele ut noen traktater. Nei, det er noe annet vi snakker om her.
Vi må begynne å forstå at Gud er stor! Gud er en Gud uten grenser. Han sa at evangeliet skal bringes til de fjerntliggende steder, hinsides alle grenser. Gud går over alle grenser, Guds måte å gjøre tingene på er en overnaturlig måte, en ubegrenset måte.

Hensikten med pinsekraften
er å gi vitnesbyrdet til de siste fronter, til de unådde områder. Dette er den eneste hensikten med pinsekraften.
Det er ikke først og fremst for at du skal leve et liv i seier. Naturligvis er denne kraften med og får deg til å leve i seier, men det er ikke **det** primære. Det primære er at seieren bringes ut til de unådde, der ute på de siste fronter.

La folkeslagene høre og se kraften som gir liv
Vi skal la folkeslagene høre og se bevisene på at Kristus er oppstanden fra de døde og at han er Guds sønn. Vi skal la dem høre og se bevisene på den levende Kristus. Slik at de også får sjansen til å gi sitt liv til Kristus. **Det er hensikten med pinsekraften!**

" Begjær av meg, så vil jeg gi deg hedningene til arv og jordens ender til eie" (Salme 2,8)

Motta Guds mirakelenergi. Dåpen i den Hellige Ånd
Så snart du har mottatt dåpen i den Hellige Ånd og har fått den Hellige Ånds kraft, kan du begynne å begjære av Gud. Da vil Gud gi deg hedningene til arv og jordens ender til eie. Du har mottatt den samme mirakelenergi som Gud selv har, og da er du den rette mannen og den rette kvinnen til å gå ut i all verden og forkynne evangeliet og bevise evangeliet om Jesus Kristus,
Guds levende sønn. Du kan forkynne at han er like virkelig som i Bibelens dager.
Kristus virker i mye større omfang i dag enn noen gang før. Gud er her, selv om Hans Sønn

ikke lenger er her i kjøtt og blod som for 2000 år siden.

" … for å utkåre deg til tjener **og vitne** ". (Apg 26,16-18)

Det er ikke først og fremst snakk om "et embete", ikke "en salvelse", dette er missforstått. Det er først og fremst snakk om å være et vitne, en sann Jesu Kristi disippel. Alle troende er først og fremst et vitne.
Du har ingen ting på en prekestol å gjøre hvis du ikke først og fremst er et vitne.
Det hjelper ikke å stå på som pastor hvis du ikke er et vitne. Ikke bare at du legger frem et" vitnesbyrd", men at du er et vitne, er Guds ord, er Guds kraft. Du skal være en som står frem og sier" Det jeg har, det gir jeg deg". (Apg. 3,6)
Du kan ikke bare stå med boken i hånden og preke ut fra boken, å la den være adskilt fra din egen person.
Det går an å gjemme seg bak Bibelen og stå på en prekestol og preke ut fra boken uten at det har noe med din person å gjøre, men da er du ikke sann.

En tjener og et vitne
Herren har utkåret deg til tjener og vitne, og først og fremst et vitne. Du må overgi deg til Ordet, så blir du og Ordet ett. Da er du **blitt** boken, du er **blitt** et vitne. Da er det Kristus som står frem i deg.

Da taler du ikke bare teorier, da formidler du liv og skaper liv i dem som hører på. Du skaper lyst til å gjøre det som du taler om. Du løfter mennesker opp og du forvandler dem mens du står og taler, dvs. det er den Ånd du taler som forvandler dem du taler til.

"tjener og vitne, både om det du har sett, og om det du har hørt, for hvis skyld jeg vil åpenbare meg for deg, idet jeg frir deg ut fra folket og hedningene som jeg sender deg til for å opplate deres øyne, for at de kan få syndenes forlatelse og arvelodd blant dem som er helliget ved troen på meg". (Ap. 26, 16-17)

Øye åpner
Det eneste som kan åpne øynene på hedningene er at du legger frem håndfaste bevis på den levende Jesus Kristus oppstandelse fra de døde.

Det hjelper ikke å komme som en pastor, en evangelist, en lærer blant hedningene, hvis du ikke kan være et vitne. En merkelapp som Lærer,

Det hjelper ikke om du er pastor eller evangelist, hvis du ikke først og fremst er et vitne.
Evangelist eller Pastor betyr ingen ting. Det hjelper ikke med verdens flotteste prekener hvis du ikke er et vitne. Det er slutt på den tiden da mennesker med" store" tjenester ble satt på en pidestall og beundret. " Han må være helt spesiell, han har store nådegaver, tusener ble frelst osv.
Han kan vi nesten ikke ta på eller snakke til" Det er helt feil holdning. Mennesker opphøyer mennesker, og det skyldes til dels en feil holdning hos dem som blir opphøyd. De tror selv at det er noe helt spesielt med dem.
Alle er spesielle, ingen er mer" spesiell" enn andre.
Vi er kalt til å være Jesu Kristi vitner alle sammen. Alle jobber i det samme båtlaget, og der er det ikke plass til supermenn. Noen vil gjerne være det, men de finnes ikke. Du tror vel ikke at Jesus ønsket slike utilnærmelige" superhellige" forkynnere høyt hevet over den vanlige mann?

Jesus ønsker bare at vi skal være jordnære og ha bena på bakken. Vi er ute i tjeneste for ham som ga sitt liv for oss. Vi jobber for Herren, vi er Hans medarbeidere.

" … for å opplate deres øyne så de kan vende seg fra mørket til lys, fra Satans makt og til Guds makt".

Kapittel 13

Det ufravikelige åndelige prinsipp

Vi tar mennesker ut av Satans makt og setter dem over i Guds makt.
Vi kommer i autoritet og kraft og forkynner den levende Kristus. Djevelen tør ikke komme der vi er, for vi har makten i Jesu navn og vi vet det. Den seg selv fornedrer skal opphøyes. Den som vil være stor i Guds rike skal være alles tjener. Dette er ufravikelige åndelige prinsipper! Dette gjør oss uslåelige. Som du forstår er hensikten med å motta den Hellige Ånds fylde å evangelisere, vinne fortapte mennesker for Kristus, vinne de som er ukjente med evangeliet. Det er Gud som lader deg opp med guddommelig kraft.

Tungetalen er ikke dåpen i den Hellige Ånd.
Dåpen i den Hellige Ånd er å bli døpt i Guds kraft. Det skjer en radikal forvandling i ditt liv. Tungetalen er ditt bønnespråk i den Hellige Ånd, og når du får fylden av den Hellige Ånd, så er

det språket til denne personen du får. Ånden har ikke noe legeme. Han er avhengig av ditt! For å få sagt noe er Ånden avhengig av din tunge. Han bruker ditt legeme.

Tungetalen, bønnespråket i den Hellige Ånd, er til egen oppbyggelse

" Den som taler med tunger oppbygger seg selv. Dersom jeg ber med tunger da ber min ånd ved den Hellige Ånd inne i meg, men min forstand er uten frukt". (1Kor. 14,4 og 14)

Det er altså Ånden som taler inne i deg. Du bare uttrykker tungens tale. Samtidig lader du deg selv opp, bygger deg selv opp ved den Hellige Ånds kraft som er i deg. Du blir ikledd den samme kraft som Jesus hadde da Han ble berørt av den blodsottige kvinnen.

Vi er Guds dynamoer, fylt av den Hellige Ånds kraft

kraften er der. Ofte er det nok å gå forbi mennesker for at de skal berøres av kraften. Vi er tempel for den Hellige Ånd, fylt av den Hellige Ånds kraft. Men når du lever med Herren så merker mennesker at det de vil ha tak i, er hos deg.

Djevelen var stadig på besøk
Kvinnen med blodsott var sannsynlig et ensomt menneske der hun lå i sin sykeseng. Bare djevelen var der og holdt henne med" selskap". Hans nyheter til henne var; nå ble alt bare verre, og nå har du ikke lang tid igjen.

Men så kom Jesus forbi
Så kom Jesus gående forbi, og kvinnen hørte det som ble fortalt av Ham. Hun hørte forkynnelsen og begynte å få håp. Troen kommer jo av forkynnelsen.
Når vi er Jesu Kristi sanne vitner, så gir vi andre mennesker håp, for de forstår at det vi forkynner er sant. De ser, og de hører våre resultater.

Kvinnen gikk etter Jesus
Så gikk kvinnen etter Jesus, grep tak i klærne hans og ble helbredet. (Mark. 5,25-34).

Denne kraften er den samme som er i deg. Den som skapte himmel og jord.

Det første korstog noensinne i Dar Es Salam

Jeg har alltid søkt innpass med evangeliet der det har vært menneskelig umulig. Jeg var i Dar Es Salam, Tanzania, jeg så etter et sted jeg kunne ha møter. Jeg fant et fantastisk sted, med plass til mange tusen. Da jeg snakket med politiet, fikk jeg beskjed om at det ikke gikk. Dette var et sted nær sentrum.

Jeg fant meg i stedet et stort område rett utenfor Dar Es Salam. Der ga de meg tillatelse til å ha møter. Den politiske ledelsen i Tanzania var Muslims og kommunistisk på den tiden.

Jeg fikk med noen afrikanske venner til å hjelpe meg bygge plattform. Vi fikk den opp på et vis. Et høyttaler anlegg med dårlige ledninger, fikk vi og skrudd i sammen. Den enkle avertering var allerede satt i gang. Her var ikke mye penger til rådighet, bare varme hjerter for Jesus.

5000 var tilstede fra første møtet

Dette var fantastisk, folkemengdene strømmet på. Dette var det første korstoget i Tanzanias historie. Dette visste jeg ikke før lenge etterpå.
Det har nå vært og er slik med meg i tjenesten. Jeg har kommet inn som første mann igjennom prøvelser, harde tak og mye vanskeligheter

mange steder. Tjeneste har vist seg å være en nybrotts tjeneste for Herren.

En hard tjeneste
Tjenesten min for Herren har aldri vært lett. Jeg har alltid møtt utfordringer som har virket helt umulige. Det har smertet mye på meg selv, men jeg har gått på allikevel. Årsaken til det, er at jeg har et vitnesbyrd i mitt hjerte som jeg vil dele med hele verden.

Slipp Jesus inn i stua – var mitt første budskap
Folk danset, hoppet og ropte etter som åpenbaringene gikk opp for dem.

Du kan ikke ha grisen i stua – der skal kongen være
Jeg talte helt på afrikansk nivå. Du kan ikke ha grisen i stua, der skal kongen bo og de danset og ropte. De grep budskapet, jeg snakket om entreen, stua, kjøkkenet og soverommet.
Alle gråt og lo. De ville alle ha Jesus. Hvilken fest, hvilken frelses fryd og hvilke mirakler. Jeg har skrevet flere historier om miraklene fra disse

møtene i andre bøker. Alle bøkene mine har vitnesbyrd om fantastiske mirakler.

Vi er Jesu vitner, Jesu bevisprodusenter

Vi går i Herren, Jesu Kristi navn. Vi gjør Guds gjerninger. Dåpen i den Hellige Ånd som disiplene mottok på pinsedag er nøkkelen til verdens evangeliseringen. Uten dåpen i den Hellige Ånd er du karakterløs. Du er ufarlig for fienden og kan ikke leve i seier som et Jesu Kristi vitne.

Ikke dra på misjonsfeltet uten en dåp i den Hellige Ånds ild og kraft, kunnskapen og troen til å bruke den

Det er en tragedie at mennesker reiser ut på misjonsmarken uten å være døpt i den Hellige Ånd. Kraften er i Åndens Dåp. Men det hjelper ikke å være døpt i Ånden heller, hvis de ikke vet hva de har på innsiden.

T.L. og Daisy Osborns første tur til India

T.L. og Daisy Osborn var i India som misjonær i sine yngre dager og forkynte om Jesus. Så kom muhammedanerne og spurte om han kunne bevise at Jesus er Guds sønn slik han forkynte.

T.L. sto med Bibelen og sa: Denne boken er
sannheten. Neida, svarte muhammedanerne, det
er Koranen som er sannheten. Slik sto de og
diskuterte uten noe resultat, og det endte med at
Osborn reiste hjem, nedslått og utslått. Han
hadde jo ingen ting.
Så kom han under forkynnelse hjemme i Amerika og fikk høre hva det er å være et Jesu Kristi
vitne. Femten år senere var han i den samme
byen som han slukøret hadde forlatt, men da fikk
pipen en annen låt. Nå var han fylt av Ånden, og
han begynte å bruke den kraften i Jesu navn.

Nå var T.L.Osborn et vitne
Dermed var han et vitne og fikk be med tusener i
den samme byen. Nøkkelen til verdens- evangelisering er som du ser i dåpen i den Hellige Ånd.
" Dere skal få kraft idet den Hellige Ånd kommer over dere".

" Men for meg selv akter jeg ikke mitt liv et ord
verd, når jeg bare kan fullende mitt løp og den
tjeneste jeg fikk av den Herre Jesus å vitne om
Guds nådes evangelium". (Apg. 20,24)

Det står ikke **preke**, men **vitne**. Vi må la verden få en sjanse. La dem få se at Jesus brøt dødens makt. Han brøt syndens lenker. Han brøt Satans lenker, og dette beviser vi for menneskeheten, i Guds kraft som et Jesu Kristi vitne. Halleluja!
Dette er hensikten med pinsekraften!

Det er herlig når du vet hva du har

Du er glad i Jesus, og du vandrer i ydmykhet, fylt av den Hellige Ånds kraft. Og du vet hvordan du skal bruke det. Du forkynner evangeliet under Åndens salvelse, og du vet at når du taler så skjer det.

Nå er det vår tur. Dette er vår generasjon. Dette er vår mulighet til lå få gjort noe for Herren. Ikke den neste generasjon, ikke den forrige, men denne generasjonen er vårt område. Får du tak på dette så spiller det ingen rolle om du er ung eller gammel legemlig. Da er du utstyrt med den Hellige Ånds kraft, og du vet å bruke den.

Guds fullkomne vilje for deg

" Disse tegn skal følge dem som tror. I mitt navn, i Jesu Kristi navn skal de drive ut onde ånder, de skal tale med tunger, de skal ta slanger i hendene, på de syke skal de legge sine hender og de skal bli helbredet, og om de drikker noe giftig skal det ikke skade dem." (Ap.gj. 20,24)

Dette er tjenesten som vil vende de fortapte til Kristus.
De vil trenge seg på for å få høre dem som forkynner med tegn og under. Hedningene krever en slik tjeneste. Hedningene krever en mann som Stefanus. Han ga sitt liv som et vitne.
De ville ikke ha denne Kristus, men de kunne heller ikke fornekte den Kristus som ble forkynt under Åndens kraft og salvelse. De fikk se og erfare at det var en levende realitet det han talte om.
Derfor holdt de seg for ørene og skrek rett ut. Derfor stormet de inn på ham og tok livet av ham.
Stefanos på gresk betyr" kronet med herlighet",

" men Stefanos var full av nåde og kraft og gjorde undergjerninger og store tegn blant folket". (Ap.gj. 6)

Les hele kapittelet.

Han hadde en hjelpetjeneste i menigheten og serverte ved bordene, full av den Hellige Ånds kraft. Så du ser at det er for alle som tror (Apg. 6. les hele kapittelet).

Ånds fylte kristne må ta imot utfordringene i dag

Hedningene er ikke interessert i å høre på teologiske utredninger som er lært på et fakultet gjennom 5 – 6 år. Det gir dem ingen ting. En ren medisinsk misjon kan ikke ta imot utfordringen.
Den kan være bra på sitt område, men ikke i verdensevangeliseringen.
Utdanningssystemet kan heller ikke føre mennesker til Kristus.
Der kommer bare kommunistene inn med sin litteratur. Evangelisering med tegn, under, som et vitne, det er veien.
Vi gir dem Livets Ord, det er det primære. De vil ta imot Ham og følge Ham når Han er proklamert i kraft, når Hans budskap blir stadfestet med mirakler. Da kommer de. Dette er hensikten med pinsekraften. Dette krever ditt valg. Hva vil du gjøre med det du er blitt overgitt?

Ta imot den Hellige Ånd og bli et vitne. Reis deg opp og hør ropet fra verden, fra milliarder av mennesker. De vil tro når de får høre budskapet og se det stadfestet med mirakler. Da overgir de sine liv til Kristus.

Kapittel 14

Hva betyr det å proklamere evangeliet?

" Og dette evangeliet om Riket skal forkynnes over hele jorderiket til et vitnesbyrd for alle folkeslag, og da skal enden komme." (Matt, 24,14)

Vi har snakket om at et vitne er en som legger frem håndfaste bevis på at det han taler er sant. Jesus ba oss altså om å legge frem håndfaste bevis om Himlenes rike og Jesu Kristi verk på Golgata.
" Jesus sa til dem: Gå ut i all verden og forkynn evangeliet for all skapningen." (Mark. 16,15)

Forkynn evangeliet som et vitne
Dvs. med bevis, for all skapningen. Du kan preke fra 1. Mosebok til Åpenbaringen uten å forkynne evangeliet, uten å kjenne evangeliet. Du kan ha mye kristen virksomhet uten å

forkynne evangeliet. Du kan gå på teologisk seminar og lære å preke, men du kan aldri lære å forkynne evangeliet. De lærer du ikke på et teologisk seminar.

Kristus lærer deg å forkynne evangeliet
Når du hører hva Han, har å si.

" I begynnelsen var Ordet, og Ordet var hos Gud, og Ordet var Gud". Ordet ble kjød og tok bolig iblant oss, og vi så Hans herlighet, en herlighet som den enbårne sønn har fra sin far, full av nåde og sannhet." (Joh. 1,1 og 1,14).

Dette er Jesus! Han forklarer deg hvordan du skal forkynne evangeliet. Så er det opp til deg, om du vil handle på det. Ja, om du vil begynne å forkynne evangeliet, om du er interessert i å oppleve at det fungerer i praksis igjennom ditt liv.

Hvis all forkynnelse som har vært på denne jord hadde vært evangeliet, så hadde verden vært evangelisert for lenge siden.
Da hadde verden visst hvem Jesus var og Jesus hadde kanskje kommet tilbake.
Men det har vært alt for mange teorier.

Alle muhammedanere kjenner til en Jesus som var en liten profet. De fornekter jomfrufødselen ifølge Koranen. " Jesus Kristus var ikke født av jomfru Maria. Maria var ikke overskygget av den Hellige Ånd". Alle grunnsannhetene i Guds ord blir motargumentert i Koranen. Den bekjenner Jesus som en historisk person, en liten profet. Muhammed er den største profeten. Slik kjenner de ham.

Da nytter det ikke å komme og fortelle at Jesus var snill og god og vandret her nede, og legge ut om en fortelling fra Bibelen.

Vi må presentere en Jesus som lever idag
Nei, vi må presentere en levende Kristus, en mirakel- arbeidende Kristus. Vi må begynne å forkynne evangeliet slik det skal forkynnes og bevise de gode nyheter om Jesus Kristus som Guds levende sønn. Bevise at han brøt Satans makt.

Store deler av den daværende verden var evangelisert 200 år etter at Jesus for opp til Himmelen!

Uten TV og moderne massemedia, kun motstand og fornektelser og bortforklaringer av Guds fakta.

Grunnen at de klarte det, var for det de forkynte evangeliet om Jesus Kristus som **vitner**. De beviste at Han var oppstått fra de døde.

Det spredte seg som ild i tørt gress. Det er mer effektivt enn aviser og TV og alt annet. Det gjelder bare at vi som Guds folk får se hvordan vi skal forkynne evangeliet, og at vi begynner å gjøre det. Guds ord skal ikke prates. Vi må så Guds ord i den bestemte hensikt at vi skal ha en høst. Bonden sår for å få en høst.

Når du har blitt et Jesu Kristi vitne og er grunnfestet i Ordet og overbevist om Ordet, da sår du Ordet og du vet at det gror og at du kan begynne å høste inn.

Super - sæd og en kraftig høstemaskin er det naturlige for et vitne

Det er ikke meningen at vi skal så i årevis, og så kommer en annen som har" nådegaven" til å høste.

Vår oppgave er å så og høste samtidig." Dere skal få kraft, og dere skal være mine vitner". Vi må bryte med tradisjonalisme. Det er tankebygninger som bryter ned og ødelegger og lammer tjenestene.

Kraften er ikke i korset – men i mannen som hang på det

Kraften er ikke i Korset, -forbannelsens tre. Kraften var og er i mannen som hang på det korset.

Han som ble gjort til en forbannelse for deg for at du skulle komme under Guds velsignelse.

" For så har Gud elsket verden, for at hver den som tror på Ham (jorden over) skal ha evig liv". (Joh. 3,16)

Dette er budskapet til en verden i opprør.

Det har aldri vært noen kraft i korset. Kristus ble forbannet for deg for at du skulle bli fri, Han ble syk for deg for at du skulle ble leget,
Han ble gjort til synd for deg for at du skulle bli fri synden. Han brøt syndens og sykdommens makt for deg. Kraften er i mannen på korset.

" Liksom mange ble forferdet over Ham, så ille tilredt var Han at Han ikke så ut som et menneske, og Hans skikkelse var ikke som andre menneskebarn." (Jesaja 52,14)

Han ble pisket av fem sterke menn, for at hvert piskeslag skulle ha full kraft, og det var et mirakel at Han overlevde. Etterpå bar Han korset. Det er uforståelig at Han klarte det. Men Gud ville at Han skulle gå til Golgata for deg og meg.

" Sannelig, våre sykdommer har Han tatt på seg, og våre piner har Han båret. Vi aktet Ham for plaget, slått av Gud og gjort elendig.

men Han er såret for våre overtredelser, knust for våre misgjerninger. Straffen lå på Ham for at vi skulle ha fred, og ved Hans sår har vi fått legedom." (Jesaja 53,4-5)

Hele ondskapens åndehær grep Jesus Kristus der på Golgata. All verdens sykdomsdemoner hev seg på Ham der på korset. All verdens undertrykkende og besettende demoner angrep Ham. Han ga alt for deg og meg.
Det kreves at Kristus er din herre – hvis du skal proklamere evangeliet med bevis

" Frykt ikke. Jeg er den første og den siste levende. Jeg var død og se jeg er levende i all evighet. Jeg har nøklene til Døden og til Dødsriket." (Jesaja 52,4-5)

Budskapet krever vitnet
Hvilket budskap. Ingen som ikke er født på ny våger forkynne dette budskapet om mannen på korset. Ingen ikke gjenfødt våger stå frem og proklamere Korsets budskap.
De har ingen autoritet til å forkynne det. Et slikt budskap krever at du er vitne. Det krever at Kristus er din Herre. Hvem som helst kan naturligvis snakke om at Jesus ble korsfestet.
Men å forkynne det under Åndens kraft og salvelse, med Guds lidenskap i hjertet, kan de ikke. Når det blir gjort, da bryter det gjennom! Mennesker kan la være å ta i mot budskapet, men det bryter gjennom likevel. Det er seier i den åndelige verden, og det blir åpenbart for alle.

Skole evangelisering
Jeg var på en skole i Norge og forkynte for 300 – 400 elever. De var alle samlet i skolens auditorium. Det var mulig den gangen. Jeg forkynte

enkelt" evangeliet om Korset, som er en Guds kraft til frelse for dem som tror." (Romerne 1,16)

Jeg kjente det brøt gjennom i åndens verden, og at det var full seier. Men der på de første benkeradene satt det unge mennesker og holdt seg for ørene og skrek rett ut og begynte å kaste ting etter meg.
De hadde satt seg der for å" ta denne predikanten som kom for å prate om Jesus". Men det er ingen som tar oss. Vi har makten autoriteten i Jesu navn.
Vi er vitner, de kan nekte å ta imot budskapet. Likevel kan de ikke nekte for at Jesus Kristus lever.
Det er bare på en måte mennesker kan bli fri, det er ved å høre kompromissløs sannhetsforkynnelse under Åndens salvelse.

" Dere skal kjenne sannheten, og sannheten skal sette dere fri." (Joh. 8,32)

Vi må forkynne mennesker sannheten, da blir de frie dersom de tar imot. Vi ikke bare forkynner sannheten, vi **gir** sannheten.

Hvordan forkynte apostlene evangeliet?
La oss se etter -

" Da sa Peter: Hvorfor undrer dere over dette, eller hvorfor stirrer dere på oss som om vi av vår egen kraft eller gudsfrykt hadde gjort at han nå går omkring.

Abrahams, Isaks og Jakobs Gud, vår fedres Gud har herliggjort sine tjener Jesus, Han som dere forrådte og fornektet for Pilatus da han hadde dømt at Han skulle løslates. Min livets høvding drepte dere, Han som Gud oppvakte fra de døde, **som vi er vitner om.**" (Apg 3,12-13)

Disse menn var bevisprodusenter
Disse menn var" bevisprodusenter", og de gikk mot Satan og beviste at Jesus er Guds levende sønn.
Du må begynne å innta holdninger i ditt eget liv i overensstemmelse med ordet. Så vil du vokse opp til den standard som kreves for å forkynne evangeliet.

Du er et vitne!
" Vitner som oppvigler hele verden er også kommet hit." (Apg17,6)

Det skal vi også være. Hver gang et håndfast mirakel skjedde i bibelen, rystet det hele befolkningen på stedet. Slik var det også da den lamme ved den Fagre Porten ble helbredet. (Ap.gj.3,6) Og hva skjedde som et resultat? 5000 menn kom til troen. I tillegg kvinner og barn.

" Filip kom da ned til en by i Samaria og forkynte Kristus (ikke *om,* Filip ga dem Kristus).

Og folket ga samdrektig akt på det som ble sagt av Filip, idet de hørte og **de så tegn som han gjorde.**

For det var mange som hadde urene ånder, og de for ut av dem med høye skrik, og mange verkbrudne og vanføre ble helbredet.

Og det ble stor glede der i byen." (Apg 8, 5-8)
Da de nå trodde Filip som forkynte dem evangeliet om Guds rike, om Jesu Kristi navn, så lot

de seg døpe, både menn og kvinner."
(Apg. 8,12)

Da Peter kom til Lydda fant han en mann som hadde vært sengeliggende i åtte år på grunn av leddgikt og

Peter sa til ham:" Æneas, Jesus Kristus helbreder deg. Stå opp og re selv din seng. Og straks sto han opp. Og alle som bodde i Lydda og Saron så ham, og de omvendte seg til Herren."
(Apg. 9,34-35),

Alle omvendte seg til Herren på grunn av dette miraklet og Ordets forkynnelse. Han måtte jo forklare dem hvordan han kunne gå bort til denne mannen og si: Jesus Kristus helbreder deg.

Kvinnen Dorkas var død." Men Peter bød alle gå ut, falt på kne og ba, ventet seg til liket og sa: Tabita, stå opp. Dette ble vitterlig over hele Joppe, og mange kom til troen på Herren".
(Apg. 9,40-42)

Dette er å forkynne evangeliet.

Proklamer at Han har all makt i himmel og på jord, og så beviser du det. Da kommer folket. Dette er for deg. Slik skal vi alle forkynne evangeliet. Gud visste hva som skulle til for at mennesker skulle tro at en mann som ble korsfestet mellom to tyver på en markedsplass i Israel skulle ha betydning for hele menneskeheten. At han tok på seg all verdens synd og sykdom for alle generasjoner.

For at menneskeheten skulle tro dette, måtte det mer en ord til. Det måtte tegn, under og mirakler til. Dette er for deg. Det er slik vi alle skal proklamere evangeliet.

Kapittel 15

Evangeliet i kraft

Hjemme og ute ser vi hvordan kirkesamfunnene kommer til kort. De klarer ikke å utføre det Jesus ba oss gjøre, men gjør isteden alt mulig annet og kommer dermed vekk fra sannheten.

Miraklet skjer ikke på grensen – men må arbeides frem i hjertet hjemme
Når så misjonærer fra slike kirkesamfunn sendes ut, så skjer det ikke noe mirakel med dem, idet de krysser grensen. De har med seg de samme problemene og den samme mangel på bibelsk evangelisering som de har hjemme. De produserer kristne lekfolk og forkynnere med de samme problemer, og ineffektivitet i evangeliseringen. Disse menneskene kjemper en forgjeves kamp mot religioner og ideologier. De har ingen sjanse.
Tre av fire som blir omvendt til en religion eller ideologi blir omvendt til Islam. Det er vekkelse

blant verdens religioner og vekkelse blant de troende. Satan mobiliserer. Vi må også mobilisere og ikke holde oss tilbake i frykt. Nå har vi vår anledning, i vår generasjon. Vi lever i en kritisk tid i hele menneskehetens historie.

Det har aldri vært en slik åndelig bevisst generasjon som den som er i dag.
Mens andre religioner går frem, støtter menigheten seg til menneskeheten, isteden for å stole på den Hellige Ånds mirakelkraft.

" Så sier Herren: Forbannet er den mann som setter sin lit til mennesker og holder kjød for sin arm, og hvis hjerte viker fra Herren." (Jer 17, 5)

Velsignet er den mann som stoler på Herren og hvis tillit Herren er." (Jer 17, 7)

Vil du komme under forbannelsen, så skal du bare sette din lit til mennesker.
Når vi skal lage et opplegg kalkulerer vi bare med hvor mye mennesker er i stand til å utføre, akkurat som om det er vi som skal bygge Guds Rike for Ham.

Ledere kan si:" Nå skal vi få tak i ungdommen",
og så arrangerer de svære gospelkonserter. Nei,
det er ikke slik vi vinner massene for Kristus!
Menneskehjelp er tomhet og forbannelse. Vi ser
med all tydelighet at det ikke går.

Vi må stole på den Hellige Ånds mirakelkraft, evangeliet med kraft.
Menigheten verden over er lammet p.g.a. sin
fornektelse av det mirakuløse. De sier at det ikke
er for i dag. Resultatet blir at de står stille uten å
komme videre – inntil de begynner å gå bakover
og dør ut.

" Så sier Herren, jeg vil ikke mer overgi dere til
vanære blant hedningene, ikke mer til spott og
skam". (Joel 2,19)

Evangeliet med kraft
Det er hva vi er blitt gitt, evangeliet med kraft er
hva vi skal forkynne og handle på og demon-
strere. Grunnen til at kristendommen så ofte er
blitt hånet og latterliggjort blant hedningene er at
de ikke har fått se bevis for at Han lever i dag.
Og derfor hånes og latterliggjøres også kristen-
dommen for en stor del i vårt eget land.

Derfor får vi alle disse såkalte ateistiske organisasjonene (ateister finnes ikke iflg. Forkynneren 3,11).

Igjen" Og dette evangeliet om Riket skal forkynnes over hele jorderiket til et vitnesbyrd for alle folkeslag, og da skal enden komme. "(Matteus 14,24)

Forkynnelse uten det overnaturlige er ikke god nok, har aldri vært det og kommer aldri til å bli det.
Foruten bevis om Guds levende Sønns seier på Golgata er det ikke evangeliet, da er det historiefortelling. For tenk hvilken tragedie å kanskje leve 50 år inn i fremtiden med et evangelium uten bevis. Det er jo det samme som å ta brødet fra barna og lure dem. For evangeliet er det overnaturlige og mirakuløse bevis for at Gud i Jesus Kristus er svaret på menneskehetens problemer på alle livets områder.

Forkynnes evangeliet uten bevis for mennesker, får de en feil oppfatning av hvem Kristus er.

Et ømfintlig tema her i vesten, men det er sannheten.

" For vårt evangelium kom ikke til dere bare i ord, men også i kraft og i den Hellige Ånd og i stor full visshet". (1Tess.1,5)

De så på Paulus at han hadde full visshet i det han snakket om. Det er nok at dine tilhørere **ser** at du har den fulle visshet, da går det gjennom. Da griper hedningene etter klærne dine, ikke fordi de tror du er Gud, men fordi de vil ha del i det de ser at du har.
Kom deg ut i verden så vil du begynne å forstå hvorfor Bibelens budskap er så radikalt som det er, og hvorfor Bibelens menn talte og handlet som de gjorde.

"For jeg vil ikke driste meg til å tale om annet enn det som Kristus har virket ved meg for å føre hedningene til lydighet, ved ord og gjerning, ved tegn og unders kraft, ved Åndens kraft, så at jeg fra Jerusalem og rundt omkring like til Lyria har fullt kunngjort Kristi evangelium".
(Romerne15,18 og19)

Det var Paulus evangelium den levende Kristus forkynte i Åndens kraft. Han var en menneskefisker som virkelig trodde på mirakler, en menneskefisker med det rette agnet på kroken-" mirakelmat".

" Og min tale og min forkynnelse var ikke med visdoms overtalende ord, men med Ånds og krafts bevis, for at deres tro ikke skulle være grunnet på menneskers visdom, men på Guds kraft" (1Korinterbrev 2,4 og 5)

" Paulus holdt altså ikke kjød for sin arm".
Han så det som meningsløst, verdiløst og unyttig for troen å være grunnlagt på det som mennesket kunne produsere med sitt intellekt. Med visdoms overtalende ord blir troen bare grunnlagt på mennesketanker. Her i vesten, hvor intellektet er så høyt verdsatt kan kanskje en og annen vinnes ut fra en teologisk preken.

Hvor er bevisene?
Men i India er det umulig, der forlanges bevisene på bordet. For der lever de i en verden av sterke åndelige krefter. Paulus demonstrerte Guds kraft over alt der han forkynte og da skjed-

de det som fortsatt skjer, - at hedningene omvendte seg til Kristus.

Det er herlig når du blir ferdig med å stole på deg selv, så du bare regner med Jesus Kristus. Om du kan føle noe spiller ingen rolle, for Ordet sier at

" Han er din skygge ved din høyre hånd."
(Salme 121, 5)

og
" Han vil ingenlunde forlate deg." (Heb. 13, 5)

Han er alltid der, i oss, over oss, under oss, og virker gjennom oss.

Så vi bare forkynner, proklamerer og handler på Ordet, og Han gjør jobben.

Kapittel 16

Bør vi se etter nye måter å nå mennesker på i dag?

Trenger vi kulturkurs for å forstå mennesker i den tredje verden og ny taleteknikk for å vinne de opplyste? Nei, Bibelen er en fullkommen bok som inneholder alt vi trenger. Fyller vi oss med den og får den inn i vår ånd, da er vi, slik som Gud er.
Evangeliet vil ikke bli spottet når vi proklamerer det i den Hellige Ånds kraft, med mirakelbevis. Mirakler får de vantro til å tie, og til å omvende seg til Gud.
Mirakler er åndelig, teorier er sjelelig og sanselig. I sansenes verden, på det sjelelige plan ligger menneskenes følelser, tanker og viljeliv.

På mirakelplanet, det Åndelige plan regjerer ikke tanker og følelser
På mirakelplanet, det åndelige plan regjerer verken intellekt eller følelser. Åndelighet har in-

gen ting med følelser å gjøre, for det befinner seg i en annen dimensjon, en annen type eksistens.

NB, NB
Den åndelige følelsen er en viten.
En viten, en tro gitt igjennom Guddommelig åpenbaring. Tro har ingen ting med dine sanser, eller følelser å gjøre. Tro er lydighet mot de åndelige prinsipper som Gud har gitt oss.

Det er så enkelt, men for oss som har vært vant til å la oss dominere av det sansene forteller, koster det å komme inn i den åndelige dimensjonen.

Ikke hvordan – men hvorfor
Hvis en afrikaner blir utsatt for en ulykke spør han ikke **hvordan** det kunne skje, men **hvorfor**. Han spør hva som ligger bakom. Hvorfor? Jo, fordi afrikanerne, ja, mennesker i alle land utenom den vestlige verden er mye mer åndsorientert enn oss.

Vi er så materielle og sjelelige orientert at vi nesten tilber de materielle tingene. Det som kan tekkes vårt kjød. Afrikanerne vet at det ligger åndelige årsaker bak.

" Angående mine henders verk, befal dere meg! (King James overs.) Gud har bedt oss befale Ham på løftene, i Jesu Kristi navn".
(Jesaja 45,11)

Her ser vi Guds metode demonstrert i Egypt:" Så gikk Moses og Aron inn til Farao og gjorde som Herren hadde sagt. Aron kastet sin stav ned foran Farao og hans tjenere, og den ble til en slange.
Da lot Farao sine vismenn og trollmann kalle, og de, Egyptens tegnutleggere, gjorde det samme med sine hemmelige kunster. De kastet hver sin stav, og de ble til slanger, men Arons stav slukte deres staver.
Men Faraos hjerte ble forherdet, og han hørte ikke på dem….Da sa tegnutleggerne til Farao: Dette er Guds finger. Men Faraos hjerte var og ble forherdet." (2 Mos 17,10-13 og 2 Mos 8,19)

Skal vi forkynne evangeliet må vi komme med evangeliets bevis, for de onde ånder har også kraft.

Vær bevisst at din kraft ifra Herren er sterkest

Vi må vite at vi har en større kraft, at vi har all makt i himmel og på jord, ellers blir vi overkjørt. Vi må vite hva vi har. Når **de** gjør stokker til krypende slanger må vi komme med noe sterkere som lager en veldig manifestasjon av at Gud er Gud.

Så får mennesker gjøre som de vil med å ta imot det, men de vil vite (som Farao) at det er sant. Noen vil forherde seg og gjøre sin nakke stiv gang på gang enda de har sett Guds mirakelbevis, og de vil gå fortapt.

Det er ikke bare å si: Jeg kommer til Jesus når det passer meg. Bare de som Herren kaller på kan bli frelst. Gud er Gud, og Han kan mennesker ikke bare håne og spotte som de vil.

Men verden har krav på å få se at Jesus lever i dag. De har krav på å se et evangelium med bevis. For det er på grunn av uvitenhet de fleste spotter Gud, bare noen få spotter på grunn av forherdelse. Men for" de uskyldige", forkynner vi sannheten, så sannheten kan sette dem fri.

I 1. Kongebok 18 finner vi en veldig konfrontasjon mellom profeten Elias og Ba'als profeter om hvem som var den levende Gud. Og hvem var det som ble til spott og skam? Jo, det var Ba'als proftene, for Elias forkynte, med bevis og kraft.

"Og alt folket så det, og de falt ned på sitt ansikt og sa: "Herren, han er Gud! Herren, han er Gud!.

Det er kun en måte å forkynne evangeliet på
Det er det evangeliet som Paulus hadde, som apostlene hadde, som Jesus representerte og gjorde i stand for oss. Evangeliet om Guds levende Sønn og hans fullkomne forsoningsverk på Golgata kors. Det har gjort Guds kraft tilgjengelig for alle som er født på ny og er døpt i den Hellige Ånds kraft. Dette evangeliet må forkynnes med kraft.

Evangeliet er en Guds kraft.

" Evangeliet er en Guds kraft." (Rom 1, 16)

Hebreer brevet sier det så flott.

Heb 13, 8, verset på alle bannere verden over.

" Jesus Kristus er i går og i dag den samme, ja til evig tid.

La dere ikke føre på avveie med andre og fremmede lærdommer." (Heb 13, 8 – 9)

Dette Bibel sted har jeg hatt på store bannere alltid bak meg på korstog verden rundt. Det er det jeg står for.

La dere ikke føre på avveie med andre og fremmede lærdommer.
Dette verset hører man ikke ofte nevnt. Dette er sannheten. Forkynner vi ikke i dag som Jesus gjorde i Bibelens dager med autoritet og kaster ut demoner og helbreder syke i Jesu navn med Guds kraft, så forkynner vi fremmed lærdom.

Fremmede lærdommer (Heb 13, 9)
Da er det ikke vanskelige å vite alt vi skal legge i søppel kurven som det står fremmede lærdommer på.

Kapittel 17

Evangeliet med bevis

I Matteus spør disiplene Jesus:" hva skal tegnet være på ditt komme og på verdens ende?"
(Matteus 24, 3)

De fleste tror at svaret kommer i følgende vers, og derfor er de stadig på utkikk etter falske profeter og krig og jordskjelv.
Men alt dette er bare veer, hovedtegnet kommer i vers 14.

"Og dette evangeliet om Riket skal forkynnes over hele jorderiket til et vitnesbyrd for alle folkeslag, og da skal enden komme."

Jesus kommer Ikke igjen før misjonsbefalingen er gjennomført.
Det kan være så mye jordskjelv og kriger det bare vil, hele jorden kan riste, Jesus kommer ikke hjem igjen før verden har hørt evangeliet –

med bevis, med vitnesbyrd. Og det er i denne oppgaven du og jeg kommer inn.

"Og først må evangeliet forkynnes for alle folkeslag." (Mark. 13,10)

Så all den stund over halvparten av verdens folk, ætter og tungemål ikke har hørt evangeliet eller fått en eneste bibeldel på sitt språk, er det umulig å si at dette verset er oppfylt.
Milliarder av mennesker har aldri hørt navnet Jesus, så det er ingen mulighet for at Han kan komme igjen enda. Hver enkelt av oss trenger å gå inn i Guds ord selv og bli undervist av Jesus, slik at vi ikke bare bygger på hva andre sier. Vi skal alle være lært av Herren.

Kommer han igjen nå?

" Se, brudgommen kommer" (Matt 25, 6)

Dette er det mange som sier, men det gjør bildet av den åndelige virkelighet helt skjevt. Vi har et arbeid som skal gjøres, vi må få budskapet ut slik Jesus ba oss om. Hvorfor skal noen deler av jordens befolkning høre evangeliet to ganger når

over halvparten av jordens befolkning ikke har hørt det en gang?
I Afrika og Asia lever millioner bundet av primitivitet i et åndelig mørke. De tilber stokk og stein og har verken mat eller klær.

Kristen egoismen
Imens går vi her hjemme og ser etter falske profeter og jordskjelv og venter på at Jesus skal komme igjen. Tankegangen vår er ikke logisk og sunn, så det er ikke rart at mange ikke-kristne betrakter oss som merkverdige. Mange ufrelste mennesker skjønner med sin sunne fornuft at det er mye blant de kristne som ikke stemmer. Derfor er det på tide at vi begynner å se nøkternt på tingene, begynner å se alt slik som Gud ser det. Det er en enkel oppgave vi er gitt av Jesus å gjøre. Vi har ikke blitt bedt om å få hele jordens befolkning frelst. Vi har blitt bedt om i misjonsbefalingen i Mark 16, 15 å la jordens befolkning få muligheten til å høre det sanne evangeliet en gang. Når den oppgaven er fullført, kommer Jesus tilbake.
Menighetens hovedoppgave er verdensevangelisering.

Det var Jesu siste ordre og det var hensikten med å sende ut disiplene.

" Og når dere går av sted, da forkynn dette budskap: Himmelens rike er kommet nær! Helbred syke, oppvekk døde, rens spedalske, driv ut onde ånder!".
(Matteus 10,7 og 8 og Markus 16, 15 og ut kapittelet)

Denne befalingen ga Jesus før Han dro til Himmelen, og det er den befalingen som står og gjelder i dag. forkynnelsen av Himlenes rike er det vi skal befatte oss med.
Og tegnene er beviset for evangeliet om Kongeriket. Jesus sa tydelig av vi skulle forkynne om Kongeriket.

" Og Jesus gikk omkring i alle byene og landsbyene og lærte folket i deres synagoger og forkynte evangeliet om Riket og **helbredet all sykdom og all skrøpelighet.**" (Matt. 9,35)

I den første menighet helbredet de all sykdom og skrøpelighet, så på det området er det tydelig at vi har mer å innta.

I Afrika opplever jeg veldig mange blir helbredet i hvert enkelt møte. Disse Guddommelige, overnaturlige åndelige virkeligheter må vi få se mer av i vesten også. Etter hvert som vi begynner å forstår, aksepterer og gjør hva Gud har bedt oss om i misjonsbefalingen, vil vi bli så dynamiske og kraftige at vi ikke godtar noe annet enn det Gud vil.

Bevisene på at Guds rike er iblant oss

" Han, Jesus helbredet **all** sykdom og **all** skrøpelighet." (Matt 4, 23)

" Men er det ved Guds Ånd jeg driver de onde ånder ut, da er jo Guds rike kommet til dere." (Matteus 12,28)

Beviset på at Guds rike er iblant oss, er at det som blir forkynt blir stadfestet ved Guds Rikes kraft som driver de onde ånder ut og helbreder de syke – renser de spedalske og oppvekker de døde.
Jesus beviste at Kongeriket var iblant oss. Og når det forkynnes i den Hellige Ånds kraft vil vi alltid ha det iblant oss, med tegn, under og mi-

rakler. Det er det som bringer gjennombrudd og innhøsting verden over, ingen ting annet.
Mange reiser seg opp og ser disse sannheter i dag. Det hjelper ingenting om vi ikke er villige til å ta et oppgjør med oss selv og begynne å adlyde det vi vet er riktig.

Den fullkommenheten som er i Himlenes Rike, skal vi begynne å bringe inn i den materielle verden her på jorden.
Ingen synd, ingen sykdom og ingen spedalskhet. Vi bringer Riket ned og lar mennesker få en smak på hva det er, lar dem oppleve noe av Himmelrikets realiteter her nede. Hvis vi ikke forkynner evangeliet slik apostlene gjorde det i begynnelsen, så er det ikke evangeliet som blir forkynt. Dette er virkeligheten, ja det er sannheten. Bibelen og historien står bak disse sannheter. (Heb. 13, 8 – 9)

Er han Messias?
Døperen Johannes ble fengslet og senere halshogd, men mens han satt i fengsel sendte han disiplene sine av sted for å spørre Jesus om han virkelig var den etter lengtende Messias. Og hør hva Jesus svarte.

" Gå bort og fortell Johannes det som dere hører og ser: blinde ser og halte går, spedalske renses og døve hører og døde står opp, og evangeliet forkynnes for fattige." (Matteus 11,4 og 5)

Nummer en: Hører evangeliet forkynt.

Nummer to: Se miraklene!

Jesus ga ikke en teologisk utlegning av hva Han sto for og sendte det til Johannes som bevis, nei, Han sa bare ganske enkelt: Fortell hva dere ser. Da Johannes fikk denne beskjeden visste han at Jesus var den som skulle komme.

La oss vitne sannheten

Når vi forkynner evangeliet med tegn, under og mirakler, så vet menneskeheten at det er sannheten vi kommer med. Vi har alle evigheten nedlagt i oss, vi har en hunger etter det mirakuløse og overnaturlige, så når vi ser og opplever det sier det bare **ja** i vårt indre.

Hva forkynnes?

Mange misjonærer preker de samme preknene år etter år, og det er dessverre som regel de samme prekene som har blitt servert i vesten. Budskap preget av det samfunnet de kommer fra og bare det som dette samfunnet tillater.

Men hvem er det vi tjener?

Er det kirkesamfunnene, eller er det menneskeheten? Og Kristus? Det avgjørende spørsmål er nettopp hvem vi tjener. Hvis du vil gjøre noe godt for menneskeheten, så forkynner du evangeliet om Kristus og du kan ikke ta hensyn til negative og motarbeidende retningslinjer som blir lagt opp fra samfunnets side. Du må gå etter, adlyde det Gud taler til deg om igjennom sitt skrevne ord, Bibelen. Gud har en mening og hans mening står enkelt beskrevet i Bibelen som dere også får med dere i denne boken.

Kapittel 18

Vitnesbyrdet overbeviser

" Filip kom da ned til en by i Samaria og forkynte Kristus for dem."

Han forkynte ikke en kirkesamfunnenes Kristus, eller en historisk Kristus, nei, han ga dem den oppstandne.

Og folk ga samdrektig akt på det som ble sagt av Filip, idet de hørte og så de tegn som han gjorde.

For det var mange som hadde urene ånder, og de for ut av dem med høye skrik, og mange verkbrudne og vanføre ble helbredet.

Og det ble stor glede der i byen." (Apg. 8,5-8)

Vitnesbyrdet overbeviser.
Hadde Filip forkynt uten å ha noe vitnesbyrd med seg, så hadde ikke menneskene der i byen

overgitt seg til Kristus, og det hadde ikke blitt noen stor glede der i byen.
Antagelig hadde han blitt steinet eller jaget ut, for Samaria var en ond by. Men han forkynte vitnesbyrdet, han beviste budskapet.

Virkelighet er virkelighet.
Det er ikke nok å høre, heller ikke i vår tid. vi skal jo være så intellektuelle og ha kommet på et så høyt plan, at det ikke er nødvendig å se bevis som helbredelser og utdrivelse av onde ånder. Men mennesket har fortsatt de samme grunnleggende behov og de har de samme problemer som for 2000 år siden, og det enten vi bor i Norge med høy utdannelse, eller vi bor i Afrika og ikke kan lese. Satan og demonene er de samme og de er alle steder, uansett hva mennesker mener de er eller ikke.

Er det geiter på månen?
En gang i Øst- Afrika snakket jeg en kveld med en Afrikaner som var nattvakt ved et herberge. Han tilhørte en stamme som het Masai. Vi satt og så på månen, og jeg fortalte ham at det har vært mennesker på månen. " Jasså, sier du det",

sa han, "vet du om de har geiter der oppe?",
spurte han.
Det var hans uvitenhet, ikke noe annet som
gjorde at han stilte et slikt spørsmål. Han visste
ikke om det var geiter der oppe.
Et slikt spørsmål er ofte nok til at vi stempler
mennesker som dumme. Forskjellen er bare det
at de ikke har hatt anledning til å lære eller bli
opplyst. Men bortsett fra det, er vi utrolig like.
Så fortsatt er det slik mange steder, det ikke er
nok å høre, vi må få se evangeliets virkelighet.

Vitnets viktighet i en rettsak

Hvis følger en rettssak, så er sannhets vitner helt
nødvendig for å vinne saken. Du må bekrefte det
du sier med bevis.
Vi erklærer Satan for å være en slagen fiende i
Jesu navn, og straks spør mennesker. Hvordan
kan du si noe sånt? Jo, sier vi, se her: Og så ber
vi for de syke og får Kristi vitnesbyrd fram i vår
verden på jorden. Dermed kan vi løfte hånden og
proklamere at Sataner beseiret, og så overgir
folket seg til Kristus.

**Et korstog med bevis, får utrettet mer enn
hundre års religiøs forkynnelse uten bevis.**

I løpet av en kampanje med bevis, får du omvendt flere og gjort mer enn en annen får utrettet på hundre år med prekener uten bevis. Det gjelder å få samlet mest mulig mennesker, så flest mulig hører budskapet og ser bevisene og har muligheten til å ta imot Jesus som sin Herre og bli født på ny.

Masse helbredelse og utfrielse fra demoner
Det er ikke nødvendig å be for en og en. Når troens sæd blir sådd og bevisene produsert, tar de imot, alle på en gang. Ved tegn og unders kraft, ved Åndens kraft går vi på og Gud stadfester sitt eget Ord.

" Hvorledes skal da vi unnfly om vi ikke akter så stor en frelse? – den som først ble forkynt ved Herren og deretter stadfestet for oss av dem som hadde hørt ham,

idet Gud vitnet med, både ved tegn og under og mangehånde kraftige gjerninger og utdeling av den Hellige Ånd etter sin vilje." (Hebreerne 2, 3-4)

Igjen hører vi om evangeliet med vitnesbyrd, med bevis. Du og jeg skal stadfeste Ordet i Jesu navn, og dette er hva verden trenger – mennesker som proklamerer evangeliet med tegn, under og mirakler.

Helbredelser og utdrivelse av de onde ånder, er de åndelige bevisene på at Himlenes Rike er en realitet.
Flotte prekener og opplegg har ingen plass i sann evangelisk forkynnelse, og det trekker heller ikke skarene. Verden roper etter mennesker med mirakler, hungrer etter menn og kvinner som kan komme med mirakler i Jesu navn. Også her i vesten lengter mennesker etter mirakler. Ukebladene er fulle av beretninger om helbredelse med elektriske hender osv., og menneskene tror på det, for de hungrer etter det overnaturlige. Og det er her vi må komme inn og djervt proklamere og stå på det vi vet. Mennesker vil henge etter deg når de ser bevisene.

De stakk hodene frem, Pakistan
I Pakistan kom mennesker løpende etter oss, og stakk hodene frem for at vi skulle legge hendene på dem. Det blir som med den kvinnen som kom

og rørte ved Jesu klær. (Mark. 5) Mennesker ser at du tror på det du forkynner, og de forstår at du har makt og løsning på deres problemer. Kristus kom for å dekke menneskers behov og løse deres problemer, og det har han gjort. Så nå er det opp til oss.

Verden roper etter djerve menn og kvinner med en vågal tro

Mennesker som ikke har som første prioritet hva de føler eller ser, men går på Guds ord. Du må være djerv på den rette måten, du må være villig til å betale prisen for å bli det. Du må begynne å være djerv her hjemme, ellers tør du aldri å stå frem foran hedningene å gå på og proklamere at Kristus lever.

Det du ikke har hjemme, har du heller ikke ute.

" Våre fedre hadde i ørkenen vitnesbyrdets telt..." (Apg. 7,44)

Hvorfor var det vitnesbyrdets telt? Jo, fordi Guds
mirakelkraft var i det teltet 24 timer i døgnet. Guds herlighet bodde der kontinuerlig. Andre nasjoner kunne godt ha reist et telt av samme

materiale, konstruksjon og farge, men Guds kraft og herlighet ville ikke ha vært der.
I vitnesbyrdets telt var Guds kraft alltid til stede. Og den samme herlighet og kraft som var i vitnesbyrdets telt i ørkenen, den har vi fått i oss vi som er født på ny og døpt i den Hellige Ånd. Det var dette Herren lovet oss og ga oss.

" Vet dere ikke at dere er Guds tempel, og at Guds Ånd bor i dere?"
(Apg. 1,8, 1 korinterbrev 3,16)

Kapittel 19

Vi er vitnesbyrdets telt

Guds herlighet bor i oss. Vi er Guds tempel på samme måte som vitnesbyrdets telt var det i Israels dager. Guds mirakelkraft er i oss 24 timer i døgnet. Du føler det ikke og kjenner det ikke, men opplever det når du begynner å handle på det. Vi **må** ha den Hellige Ånds vitnesbyrd, med oss. Hvis du aldri opplever noe, er det fordi du ikke går ut på det. Har du to hender og det er en syk i nærheten, så legg hendene på den syke.

" På de syke skal de legge sine hender, og de skal bli helbredet." (Mark. 16,18)

" For vi kan ikke la være å tale om det vi har sett og hørt." (Apg. 4, 20)

Gå ut på dette og bruk det!
Vi er vitnesbyrdets telt i dag.

Det som lå bak disse ordene var: Vi er vitnesbyrdets telt, vi er fylt av den Hellige Ånd 24-timer i døgnet. Vi kan ikke la være å proklamere det, selv om dere vil nekte oss. Guds kraft er i oss, det vil bli lagt merke til av mennesker rundt oss, enten vi snakker om det eller ikke.

Vitnesbyrdet i oss, gjennom oss til verden rundt oss

Noe av det samme opplevde jeg bare måneder etter jeg var blitt en kristen. Jeg hadde mitt arbeid i helsesektoren og opplevde en del vanskeligheter i arbeidssituasjonen p.g.a. vitnesbyrdet i ånden. Så jeg sa til Herren: "Du må ikke la det være så kraftig." Ofte uten å si noen ting, fikk jeg oppleve at jeg **var** vitnesbyrdets telt.

Et vitnesbyrd telt på arbeidsplassen

Noen sykepleiere kunne si: sa det var noe uforståelig med meg. Ved et par tilfeller begynte pasienter å gråte når jeg kom inn til dem. Det var og tilfeller da pasienter sa: jeg tror jeg må overgi meg til Gud. Dette for meg var meget spesielt og uforståelig, men slik var det. Dette skapte vanskeligheter i arbeidssituasjonen de gangene det ble lagt merke til, hvilket det ved anledninger ble.

Hvis du er redd
Hvis Satan ser at du er redd, da er du ikke farlig, da hermetiserer han alt sammen i din ånd med din fryktsomme sjel.

Hvis du ikke er redd
Men hvis Gud opplever at du er en av dem som gjør alt det Han ber deg om, da vil kraften og utstrålingen alltid være der, rett under huden din. Og mennesker vil se det, for Gud vet at du lyder Ham, hvilket ikke alltid er så lett å gjøre. Adlyder du Kristus, har du alle muligheter til å være et vitnesbyrdets telt.

Vi er ikke kalt først og fremst til å være predikanter, men til å være Jesu Kristi vitner. Vi har Guds mirakuløse nærhet, men vi må ha den rette innstillingen. En ting er å si at du er predikant eller evangelist, men hvis du sier at du er et Jesu vitne, da kan du risikere at mennesker vil kreve bevis av deg.

" Men de gikk ut og forkynte ordet allesteds, og Herren virket med og stadfestet ordet ved de tegn som fulgte med." (Markus 16,20)

De første apostler var forkynnere med bevis, de demonstrerte det de talte, deres evangeliske forkynnelse var som et vitne, ikke som predikanter.

" Disse som oppvigler verden, er også kommet hit." (Apg 17,6)

Det ble ikke sagt som noe kompliment. Religiøse mennesker likte det ikke, men hedningene elsket det. Bortsett fra alle de moderne hedninger, de bevisste hedninger vi ser i dagens samfunn som fornekter skapelsen, Kristus og opphøyer seg selv over Gud. De vil du oppleve å treffe på overalt, hvilket du helt sikkert også allerede har gjort.

Humanismens ånd
er også å finne sterkt i kristne sammenhenger. Jeg har opplevd flere ganger at kristne ledere og pastorer, til og med innfødte pastorer i den tredje verden. Har vært så influert av vestlig, religiøs

tankegang, at de var i mot det vi gjorde med det enkle evangeliets forkynnelse til frelse, helse og utfrielse fra demoner. De trakk seg unna, de baktalte og ble sinte

Sanne hedningene elsker det
Mens hedningene derimot elsket det. Det som jeg liker, er at evangeliet er til hedningene, slik at de skal få kunnskap og viten om at Jesus lever. Hvordan religiøse kristne reagerer, forbli deres problem.

De satt på korstogs området hele dagen og ventet på helbredelse fra Jesus, Øst-Afrika
Mange syke ventet på korstogområdet hele dagen for å bli bedt for. Jeg husker en kvinne med hjertefeil som lå helt fremme ved plattformen under et møte.

Vi ba for mennesker og mange syke ble helbredet, deriblant blinde som fikk sitt syn tilbake. De kom opp på plattformen og vitnet om sitt fantastiske mirakel.

Jeg hadde kvinnen som lå foran plattformen i øyekroken hele tiden. Jeg visste Gud ville reise henne opp til full helbredelse.

Til slutt ropte kvinnen med svak stemme:
Kan du ikke be for meg også? Jeg ber ikke mer her i møtet, sa jeg litt spøkefullt. Jeg har bedt og nå har alle sammen fått.
Men hva med meg da? Sa kvinnen.
Da sa jeg til henne: Du har også fått din helbredelse sa jeg, du er helbredet! Å ja sa kvinnen, da er jeg helbredet.
Denne kvinnen hadde blitt brakt på båre til møtet, hun var så svak i kroppen p.g.a. hjertefeilen at hun ikke klarte stå oppreist. Kvinnen reiste seg opp og kjente styrken var tilbake i kroppen, hun var helbredet. Guds kjærlighet hadde reist henne opp og helbredet henne. Hun ventet bare på et ord fra Herren og det fikk hun og sto opp på Ordet fra Herren.
Hun sto opp på Jes 53, 5," Ved Jesu sår har vi fått legedom." Like enkelt kan du ta imot ditt mirakel også.
Mennesker sto rundt og opplevde denne fine hendelsen i Nanjuki.
Gud igjennom sin sønn Jesus Kristus er alltid klar for oss.

Vi har det – men vi må være djerve nok til å bruke det – gjør vi det – så fungerer det.

Vi har det, men hvis vi ikke er djerve og går på, vil det aldri fungere. Går vi på vil ikke alle like oss, for da er vi slike" oppviglere".
Gjennom hele Apostlenes gjerninger finner vi målbevisst forkynnelse av Riket, med bevis. Peter sto på og forkynte evangeliet i Jerusalem, og de gikk imot ham alle disse som tradisjonelt hadde tilhørt den godkjente religiøse bevegelsen.

" Oppviglerne", vitnene fikk hele oppmerksomheten

Det er klart det ble uroligheter, for de ville jo beholde det de hadde, mens" oppviglerne" forkynte en levende, oppstanden Kristus. De enkle vitnene tok hele oppmerksomheten fra dem som var vant til å sole seg i mengdens beundring.

Slik er det også i dag, men vi må bare gå på i den Hellige Ånds kraft og ikke bry oss om det. For Gud har gitt oss et mål med det vi gjør: Å nå verden med evangeliet. Alle tunger, stammer og ætter skal få høre evangeliet minst en gang med bevis før Jesus kommer igjen.

Kapittel 20

Hvordan kan en forkynner kalle seg en forkynner uten mirakler?

Du er ingen bibelsk forkynner uten mirakler. Hva slags bok er Bibelen uten mirakelhistorier? Hvilket evangelium ville vi hatt uten Jesus som helbredet de syke? Hvilken menighet i Apg. ville vi hatt uten mirakler? Hvilket eksempel ville Paulus være uten å helbrede de syke? Hva slags befaling ville vi hatt uten Kristi ordre om å kaste ut demoner og helbrede de syke?

Har du ikke det overnaturlige med, har du ingenting å presentere
Ta alt dette ut av Bibelen og se hva du har igjen. Forkynnere som går imot det overnaturlige, har ingen ting å presentere for hedningene. De bare setter opp tankebygninger i deres hoder, så det blir enda
vanskeligere for dem å ta imot sannheten. Det blir ingen

ting annet igjen enn en kald, livløs rituell form av religiøs tilbedelse, som bare tar motet fra de som hører på det.

Hør hva Jesus sa til fariseerne i Matteus:" Ve dere, skriftlærde og fariseere, dere hyklere, dere som farer over hav og land for å vinne en eneste tilhenger, og når han har blitt det, gjør dere ham til helvetes barn, to ganger verre enn dere selv!" (Matteus 23,15)

Ser du hvor alvorlig det er, og hvor viktig at vi forkynner evangeliet med bevis?

" Men det ble gjort mange tegn og undergjerninger blant folket ved apostlenes hender, og de holdt alle samdrektig til Salomons buegane … Og dess flere troende ble vunnet for Herren, menn og kvinner i hopetall." (Apg. 5,12 og 14)

" Og dette evangeliet skal forkynnes over hele jorderiket, og så skal enden komme."

Evangeliet forandrer seg aldri

Tiden forandrer seg, stil og teorier forandrer seg, men evangeliet forandrer seg ikke. Vi trenger

ikke å justere evangeliet etter menneskets
intellekt eller kultur, men kun proklamere det
som et vitnesbyrd. Evangeliet med bevis er som
skreddersydd for alle mennesker, uansett
religion.

Kapittel 21

Åtte hensikter med helbredelsestjeneste

1 Å hjelpe de lidende.
Vi ønsker naturligvis å hjelpe mennesker og vise dem kjærlighet. Jesus hadde medynk med folket. Han ønsket å hjelpe de lidende og syke.

" Han ynkedes inderlig over ham og rakte sin hånd ut og rørte ved ham og sa:" (Mark. 1,40)

Jeg vil!" Jesus hadde hjerte for de syke som djevelen hadde bundet. Han ønsket ikke annet enn å få dem ut av lidelsene de levde i.

" Da Herren så henne ynkedes Han inderlig over henne …" (Lukas 7,12)

Jesus elsket mennesker og elsket å hjelpe de lidende.

" Herren er nådig og barmhjertig, langmodig og stor i miskunnhet. Herren er god i mot alle, og Hans barmhjertigheter over alle hans gjerninger." (Salme 145,8-9)

Jesu barmhjertighet svikter aldri, Hans nåde varer evig. Gud er kjærlighet, og Hans kjærlighet er uforanderlig.

" Jesus Kristus er i går og i dag den samme, ja til evig tid." (Heb.13,8)

2 Bevise at Jesus Kristus er Guds sønn.
Jesus proklamerte at Han var Guds sønn.

" Tror du på Guds sønn? Hvem er han da Herre, så jeg kan tro på Ham? Hvem er han da Herre, så jeg kan tro på Ham? Jesus sa til ham: Du har sett Ham." (Johannes 9,35-37)

Han som taler med deg, er det!" Han sa: Jeg tror Herre, og falt ned for Ham. Jesus proklamerte at Han var Guds sønn. De skriftlærde sa at Han var blasfemisk, men miraklene han gjorde. Rettferdiggjorde Hans uttalelser.

" Gjør jeg ikke min Faders gjerninger, da tro meg ikke. Men gjør jeg dem, da tro gjerningene om dere ikke tror meg, for at dere kan skjønne og forstå at Faderen er i meg og jeg i Ham."
(Joh 10,37-38)

Dette fungerer på samme måten i dag. Ved å være et Jesu Kristi vitne med tegn, under og mirakler legger vi frem håndfaste bevis også i dag. doktrinene beviser det ikke, teorier beviser det ikke, men mirakler beviser det i dag, som i Bibelens dager.
Ineffektiviteten til mange misjonærer i dag er et resultat av deres teorier om at mirakler ikke lenger er nødvendig, eller at de fornekter det mirakuløse i evangeliet.
Det er en' ting som bringer skarene til Kristus, og det er en guddommelig mirakeltjeneste.

3 Bevise at Kristus er oppstanden fra de døde.

" Dere skal få kraft …. denne Jesus som er opptatt fra dere til Himmelen skal komme igjen på samme måte som dere så Ham fare opp til Himmelen." (Apg. 1, 8 -14)

" Da ble de alle fylt med den Hellige Ånd …"(Apg 2,4)

Nå fikk de den kraften som Jesus snakket om i Apg. 1,8. Hensikten var at de og vi skulle være i verden og proklamere evangeliet, slik at når Han kom tilbake på skyen, så hadde hele verden hørt og sett at Han var oppstanden fra de døde.

" Men de gikk ut og forkynte ordet allsteds, og Herren virket med og stadfestet ordet med de tegn som fulgte med." (Markus 16, 20)

Etter Jesu ord ble de værende i Jerusalem til de ble ikledd kraften fra det høye, så gikk de ut og forkynte at Kristus var dratt tilbake til himmelen, at Han var oppstanden fra de døde. De beviste det med tegn og under.

Hvis du bare forkynner at Kristus er død så trenger du ingen kraft
Skal du forkynne at Han er oppstanden så må du bevise det. Da vil Han selv stadfeste Ordet med tegn, under og mirakler.

"Det jeg har, det gir jeg deg: I Jesu Kristi, Nasareerens navn: Stå opp og gå!" (Apg. 3,6)

" De ble full av forundring og redsel .... folket strømmet sammen .... Hvorfor stirrer dere på oss som om vi av egen gudsfrykt hadde gjort at han går omkring .... Gud har herliggjort sin tjener Jesus ... Han som Gud oppvakte fra de døde slik som vi er vitner om." (Apg 3,10-16)

De var vitner om at Han var oppstanden fra de døde. Hvordan kan vi bevise det hvis det ikke skjer mirakler i Hans navn? Da har de kanskje rett de som sier at Han er død. Men hvis vi beviser det med mirakler, ved helbredelser, så vil mennesker forstå at Han er oppstanden fra de døde.

4 Å gjenkjenne den sanne bibelske tjenesten.

Johannes14,12-13:" Sannelig sannlig sier jeg dere: Den som tror på meg skal også gjøre de gjerninger jeg gjør, og han skal gjøre større enn disse, for jeg går til min Fader, og hva som helst dere ber om i mitt navn det vil jeg gjøre, for at Faderen skal bli herliggjort i Sønnen." (Joh14,12-13)

" Den som tror på meg", og det er meg det. Vi skal gjøre større gjerninger, salvet i hans kraft, for å bevise at Han er oppstanden fra de døde, og for at mennesker skal gjenkjenne den sanne bibelske tjenesten.
Kristus skal oppstå gjennom deg og meg. Vi er i Hans sted, for å gjøre den samme tjeneste som Han gjorde.
På denne måte skal mennesker gjenkjenner Kristi tjeneste i hver enkelt av oss.

" Disse tegn skal følge dem som tror."
(Markus 16,17)

Den samme tjenesten som Jesus hadde, skal vi fortsette i Hans navn. Det er altså slik vi gjenkjenner sanne kristne. Der det er sanne kristne, blir demoner kastet ut, syke blir helbredet, og Jesu verk blir manifestert.
Mennesker skal si: Det skjer kraftigere ting enn i Apostlenes gjerninger. Hvilken veldig Gud.

" De kjente dem igjen ved at de hadde vært med Jesus." (Apg. 4,13)

Hvordan kunne de kjenne dem igjen? De gjenkjente Jesus i disiplene. Slik også med oss. Mennesker vil forstå at vi har vært sammen med Jesus når de ser vår frimodighet i Hans navn. Vi er slik Bibelen sier, så sant vi vil være det!

5 Å trekke mennesker til å høre evangeliet.

" Og mange folk fulgte Ham fordi de så de tegn Han gjorde på de syke." (Joh. 6,2)

"Og mange folk kom sammen for å høre og for å bli helbredet for sine sykdommer." (Lukas 5,15)

Mange kom først og fremst for å bli helbredet. Men da fikk Han dem også under evangeliets forkynnelse. Man må slippe legen inn i huset for å bli frisk.
De fleste som blir helbredet på mine møter i utlandet er ikke kristne når de blir helbredet, men de blir kristne, de gir sine liv Jesu og blir født på ny, etterpå.

Helbredelser trekker mennesket inn under Ordets forkynnelse

Slik var det også på Jesu tid. Helbredelser blir brukt for å trekke mennesker inn under Ordets forkynnelse.

Overalt hvor Jesu helbredende kraft er blitt forkynt, og Jesus er blitt tillatt å helbrede de syke, har folkemengdene samlet seg.

Det var ingen hunger. Hungeren må være der

På hjemstedet sitt kunne Jesus bare legge hendene på noen syke og helbrede dem.

Hungeren er der blant hedningene i den tredje verden, men ikke i den vestlige verden. I den vestlige verden, har mennesket gått fra kristendom til hedenskap, mens i den tredje verden går de fra hedenskap til kristendom. Det er ikke vanskelig å forstå at det er Satan som arbeider på høytrykk. Den kristne verden vender seg til hedenskap.

Vi har en stor jobb som Jesu vitner
Vi gir frelse og helbredelse

Når du kommer med helbredelser i Hans navn så stimler mennesker sammen, uansett religion de tilhører.

Alle slags påfunn er prøvd for å trekke mennesker, men uten hell.
Kristus trakk mennesker ved å helbrede de syke, og det samme gjorde den første menigheten.
Meningen er at vi skal gjøre akkurat det samme.

Teologer sier at miraklenes tid er forbi. Hva er resultatet? Falske sekter som tilbyr helbredelser, blomstrer overalt. Over hele verden florerer okkultismen. Men det er vi som har svaret, budskapet og kraften, og autoriteten i Jesu navn. En helbredende menighet vil alltid trekke mennesker. En menighet som forkynner helbredelse, er også en evangeliserende menighet. Og den er en voksende og levende menighet.

6 Å vende mennesker til Kristus og til å tro evangeliet.
Mange av de som så miraklet ved den fagre tempelporten, hørte Ordet og ble omvendt, - omtrent 5000, foruten kvinner og barn.

" Men da de nå trodde Filip, som forkynte dem evangeliet om Guds rike og Jesu Kristi navn, så lot de seg døpe, både menn og kvinner."
(Apg 8,12)

" Og folket ga samdrektig akt på det som ble sagt av Filip, idet de hørte og så de tegn som han gjorde." (Apg 8,6)

Du ser altså at det som får mennesker til å vende seg til Jesus og tro evangeliet er helbredelser i Jesu Kristi navn. Da Peter ble sendt til byen Lydda, traff han en mann, Æneas, som hadde ligget verkbrudden til sengs
i åtte år. Peter sa til ham:" Æneas, Jesus helbreder deg.
Stå opp og re selv din seng." Straks sto han opp, og alle som bodde i byen Lydda og Saron så ham, og de omvendte seg til Herren. To byer omvendte seg til Herren på grunn av Æneas! .

Samme forkynnelse i dag – samme resultater
Forkynnere som forkynner på samme måten i dag, vil oppleve tusenvis av omvendelser til Kristus. Forutsetningen er at vi forkynner på samme måte som de gjorde da.

7 For å bringe ære til Gud.

" Og han sto opp og tok straks sin seng og gikk ut for alles øyne, så alle ble ute av seg selv av forundring og priste Gud og sa:" Slikt har vi aldri sett." (Mark. 2,12)

Å bringe ære til Gud er en viktig hensikt med helbredelsestjenesten. Han får ære for at Han er Gud den allmektige.

" Straks fikk han sitt syn igjen og fulgte Ham og lovet Gud, og alle folkene som så det priste Gud." (Lukas 18,43)

Vi kommer i Jesu Kristi navn, vi gjør mirakler i Hans navn, men vi setter ikke lyset på oss selv. Vi setter lyset på Herren, på Jesus, og hele folket vil prise Herren.
En hensikt med helbredelses- tjenesten er altså å bringe Gud ære.

8 Å inspirere troen og gi mot til guds folk
Mennesker kan ha gått i årevis og aldri opplevd noe som helst. Deres eneste mål er å holde ut, så de kan komme til Himmelen. De må bare passe på å holde taket oppe, så ikke Satan får tråkket dem ned.

Der kommer vi inn med helbredelses- tjenesten og blåser nytt liv i de tørre bena! Og så opplever vi at mennesker som har sittet der i alle år begynner å leve igjen. De får se at Jesus lever, og så får de kristne ny glede og begynner å leve, isteden for bare å eksistere. Det gir nytt mot til Guds folk.

Kapittel 22

De Guddommelige helbredelsenes seks grunnsteiner

Sannheten i Guds ord er det eneste som kan sette deg fri! Uansett hvor mye du faster og ber vil du aldri oppleve Jesu tjeneste fungerende i ditt liv hvis du ikke tror på og underviser om følgende fem punkter:

"…. for jeg er Herren, din lege." (2.Mos 15,26)

Dette er Guds helbredelseskontrakt, og i denne kontrakten av få ord er tre grunnleggende spørsmål, om helbredelse blitt bevart.

1. Er Gud en helbreder?
Svaret er: Ja, Han sa:" Jeg er Herren din lege." (din helbreder).

2. Hvem vil Gud helbrede? Og hvor mange?
Svaret er: deg, alle, ingen unntagelser, for Han sa: Jeg er Herren, **din** lege!

Selv om tusener av mennesker forkynner at det kanskje ikke er Guds vilje å helbrede, eller kanskje bare Hans vilje til å helbrede noen, så husk at Hans pakt inkluderer **deg.**

3 Når vil Gud helbrede deg?
Svaret er nå. Han sa: Jeg er Herren din lege. Noen sier vi må vente til Guds time, til det behager Ham. Men husk Hans pakt, jeg *er* betyr akkurat **nå.** Mange sier vi må være tålmodige, for Gud velger å helbrede når det passer Ham. Nei, Gud *er* vår lege akkurat her og nå. For en pakt er mer enn et løfte, den er inngått for alle, en gang for alle.

4 Jesus fullbrakte verk.
" Sannelig, våre sykdommer har Han tatt på seg, og våre sykdommer har Han tatt på seg, og våre piner har Han båret på, men vi
aktet Ham for plaget, slått av Gud og gjort elendig. Men Han er såret for **våre** overtredelser, knust for *våre* misgjerninger, straffen lå på Ham,

for at vi skulle ha fred, og ved Hans sår har vi fått legedom." (Jesaja 53,4 og 5)

Dette gjelder deg og meg. Han er såret for dine og mine overtredelser, knust for dine og mine misgjerninger, - og ved Hans sår har du og jeg fått legedom. Du kan stenge deg selv ute fra helbredelsens velsignelse ved å ta inn falske lærer som sier at miraklenes tid er forbi eller at det ikke er noe for deg. Men når du går til den rette læren kan du forbli i denne velsignelsen. Helbredelse ble lagt til rette av Kristus, for deg og alle endre.

" Han som forlater all din misgjerning, som leger alle dine sykdommer." (Salme 103,3)

I samme åndedrag som David priser Herren for syndenes tilgivelse, tar han også med legedom for all sykdom. Ordet er så klart at en må være blind for ikke å se det, det gjelder deg og meg og alle – **nå**.

" for at det skulle oppfylles som er talt ved profeten Jesaja, som sier" Han tok våre skrøpeligheter på seg og bar våre sykdommer" (Matteus 8,17)

Han tok våre skrøpeligheter, dine og mine, - og han bar dine og mine sykdommer. Og det betyr selvsagt at vi ikke behøver å bære dem selv lenger. Det er ikke til å misforstå.

" Han som bar våre synder på sitt legeme opp på treet, for at vi skal avdø fra våre synder og leve for rettferdigheten. Han ved hvis sår **dere er legt**." (1Peter 2,24)

Altså, du og jeg *er legt*, - alle er legt.

5 Jesu Kristi tjeneste.
I hele Jesu jordiske tjeneste helbredet Han alltid alle som kom til Ham,

Bibelen sier i brevet til Hebreerne" Jesus Kristus er i går og i dag den samme, ja til evig tid."
(Heb 13,8)

Så hvis Kristus den gang aldri overså et eneste menneske, og Han ikke har forandret seg så betyr det at Han heller ikke overser noe i dag. Ingen som kommer til Ham i tro blir avvist.

" ... og **alle** de som rørte ved Ham ble helbredet." (Matteus 12,15)

" Og alt folket søkte å få røre ved Ham for en kraft gikk ut fra Ham og helbredet **alle**." (Lukas 6,19)

" Men da det var blitt aften førte de til Ham mange besatte, og Han drev åndene ut med et ord, og **alle** de som hadde ondt, helbredet Han." (Matteus 8,16)

" Men da solen gikk ned, kom alle som hadde syke som led av forskjellige sykdommer, og førte dem til Ham, og Han la sine hender på **hver især** av dem og helbredet dem." (Lukas 4,40)

" ... hvorledes Gud salvet Jesus fra Nasaret med den Hellige Ånd og kraft, Han som gikk omkring og gjorde vell og helbredet **alle** som var overveldet av djevelen, fordi Gud var med Ham." (Apg 10,38)

Helbredelse var for alle i de dager, og Kristus, helbrederen har aldri forandret seg. Det betyr at alle kan bli helbredet i dag også.

6 Jesu Kristi befaling.

" Og Han sa til dem: Gå ut i all verden og forkynn evangeliet for all skapningen!

Den som tror og blir døpt, skal bli frelst, men den som ikke tror skal bli fordømt.

Og disse tegn skal følge dem som tror: I mitt navn skal de drive ut onde ånder, de skal tale med tunger,

de skal ta slanger i hendene, og om de drikke noe giftig skal det ikke skade dem. På syke skal de legge sine hender, og de skal bli helbredet." (Mark 16, 15-18)

I den store misjonsbefalingen er det ingen unntak når det gjelder helbredelse." På syke skal de legge sine hender, og de skal bli helbredet." Ikke noen få, og heller ikke noe" hvis Gud vil", eller noen antydning om at Gud skulle ha lagt sykdom på mennesker med en bestemt hensikt.

Sykdom er undertrykkelse og bundethet fra djevelen

Bibelen forteller at sykdom er en undertrykkelse fra djevelen, og når vi legger våre hender på de syke **skal** de bli helbredet.
Velsignelsen er for alle som er syke. Helbredelse er en del av evangeliet. Han ba oss forkynne det i **hele** verden, for **all** skapningen, altså må utfrielse og helbredelse være for **all skapningen**.
I sin befaling lover Jesus at den som tror skal bli frelst, og det er det ingen som tviler på. Ingen tviler heller på at det gjelder **alle** syndere.

Helse og frelse er for alle

For alle som" lider" av synd er det utfrielse og frelse. Men på nøyaktig samme måte er det helbredelse for alle som lider av sykdom.
Du kan sette deg selv utenfor frelse, du kan sette deg selv utenfor helbredelse.
Kristus setter deg ikke utenfor, helbredelse og tilgivelse er for alle. Kristus setter deg innenfor.

Den første menighets eksempel.
Når vi leser Apostlenes gjerninger fremgår det tydelig at helbredelse var for alle den gang. Derfor er det for alle også i dag. Egentlig skulle ikke boken hete Apostlenes gjerninger, for det var den Hellige Ånds gjerninger, gjennom apostlene.
Og den Hellige Ånd er den samme i dag, og virker de samme ting gjennom oss i dag. Hvis vi bare er klar over hva den Hellige Ånd kan gjøre gjennom oss, og vet hvordan vi skal gjøre det Han viser oss, og hvem vi skal gjøre det for.

" Og nå, Herre, hold øye med deres trusler, og gi dine tjenere å tale ditt ord med all frimodighet, idet du rekker din hånd ut til helbredelse og til tegn og undergjerninger ved din hellige tjener Jesu navn." (Apg 4,29 og 30)

Peter og Johannes var blitt kastet i fengsel for å ha helbredet en vanfør tigger, og slik ba menigheten for dem etter løslatelsen.

Resultatet finner vi i vers 33:

" Og med stor kraft bar apostlene frem vitnesbyrdet

om den Herre Jesu oppstandelse, og det var med stor nåde over dem alle." (Apg. 4, 33)

Alle som levde for Kristus i den første menighet, forsto at frelse og helbredelse tilhørte samme" mirakelpakke" fra Gud.
De forsto at det ikke bare var noe Jesus og disiplene hadde før Hans himmelfart, men at det var for menigheten til alle tider.

Guds" mirakelpakke" fungerer også i dag!
Frelse, helse og utfrielse. Seier for alle mennesker alle steder, på en gang.
Troen kommer av forkynnelse og forkynnelsen av Guds ord. Kan vi få en million til å høre kan en million komme til å ta imot på en gang. Hører to millioner kan to millioner komme til tro.

Guds ord er sæd!
På grunn av miraklet ved den fagre tempelporten kom vekkelse og mirakler ut i hele Jerusalem, og siden videre ut.

" .. og dess flere troende ble vunnet for Herren, menn og kvinner i hopetall, så de endog bar de syke ut på gatene og la dem på senger og benker, for at endog bare skyggen av Peter kunne overskygge noen av dem når han kom.

Ja, også fra de omliggende byer kom de sammen i mengde til Jerusalem og førte med seg syke og folk som var plaget av urene ånder, og de ble *alle* helbredet." (Apg 5,14-16)

Så du ser, det var ikke bare under Jesu tjeneste alle ble helbredet, disiplene fulgte Hans eksempel og fortsatte på samme måte.

NB, NB
Vi tilhører samme klasse kristne som apostlene
Også i vår tjeneste skal vi forvente at *alle* syke blir helbredet. Den første menighet trodde på mirakler, ba om mirakler, forventet mirakler – ikke bare for noen få, men for alle. Hvorfor tror du at folk i Jerusalem bar sine syke ut på gaten og la dem i senger og benker for at skyggen av Peter kunne overskygge dem?
Jo, fordi Peter hadde en sånn frimodig forkynnelse. Han forkynte at alle syke som ville, kunne

bli helbredet fordi Kristus hadde tatt **all** sykdom og **all** synd på seg.

Han forkynte at ikke et eneste menneske behøvde å gå syk hjem.

Derfor økte troen hos de som hørte ham, og de forsto at Kristus helbreder **alle**. Og de sørget for å få alle syke ut og bort til Jesu tjenere.

De hadde grepet Ordet
De hadde grepet Ordet på en slik måte at det var tilstrekkelig med bare skyggen av apostlene. De trodde at bare den minste berøring med Jesu etterfølgere var nok til å helbrede. Og dermed sto de opp i Jesu navn.

Det er vi som hindrer Gud i å få gjort sitt verk.
Vi er Guds talerør. Vi binder Gud på mange måter på både armer og ben, fordi vi ikke tør si sannheten. Vi er fryktsomme og feige. Vi gir etterfor Satans ord.

Vi er de som kan bygge opp troen hos mennesker
Vi er de som kan bygge opp troen hos mennesker, og når troen er bygget, får de oppleve at

helbredelse er for alle. Disiplene hadde aldri sett Jesus avvise en eneste syk som kom til Ham. Og de første kristne fulgte eksemplet, ingen syke ble avvist.

Paulus sier i Galaterne" Kristus kjøpte oss fri fra lovens forbannelse, idet Han ble en forbannelse for oss..." (Galaterne 3,13)

Hva besto denne forbannelsen i?
I 5. Mos. 28 kan vi lese om alt som kommer over oss hvis vi er ulydige mot Gud og velger å leve med ryggen mot Ham. Det er en automatisk forbannelse som rammer oss når vi beveger oss inn i fiendeland. Det begynner i vers 15 og ut kapitlet.
Gud vil det ikke, men det kommer når vi ikke vandrer med Ham.

" Herren skal la pesten henge fast ved deg til Han har utryddet deg av land du kommer inn i og skal ta i eie.

Herren skal slå deg med tærende syke og brennende sott, med feber og verk, med tørke og kornbrann og rust, og de skal følge deg til du går til grunne." (5 Mos 28, 21 – 22)

Og lenger ut i samme kapittel fortsetter listen over" alle andre sykdommer og alle andre plager som det ikke står skrevet om i denne lovens bok … det skal komme over deg til du er ødelagt." Altså all verdens sykdommer og plager, det er lovens forbannelse som Kristus har satt oss fri fra.

Hvordan kunne Han sette oss fri fra dette?
Jo, fordi han tok den forbannelsen på seg, som skulle ramme oss. Han ble forbannet for vår skyld!

".. Han tok **våre** skrøpeligheter på seg og bar *våre* sykdommer. Denne forløsningen er for alle uten unntagelse. **Oss** betyr **alle** som har akseptert Jesu Kristi offer på Golgata." (Matteus 8,17)

" Er noen iblant dere syk, han kalle til seg menighetens eldste, og de skal be over ham og salve ham med olje i Herrens navn, og troens bønn skal hjelpe (gr. frelse) den syke, og Herren skal reise ham opp, og har han gjort synder, skal de bli ham forlatt." (Jakob 5,14 og 15)

Det greske ordet for frelse (sozo) betyr fullkommen utfrielse til ånd, sjel og legeme. Så du ser helbredelse for sykdommer og tilgivelse for synd er uatskillelige begreper. Menighetens rett er helt klar for ethvert menneske." Hvis **noen** er syke", det betyr **deg** og **meg**. Tilgivelse for synder og helbredelse for sykdommer. Det er Herrens nåde. Alt er nåde, vi fortjener ikke noe av det.

" Og dette er den frimodige tillit som vi har til Ham at dersom vi ber om" noe" etter Hans vilje, da hører Han oss. Og dersom vi vet Han hører oss, hva vi så ber om, da vet vi at vi har de ting vi har bedt Ham om." (1Johannes 5,14 og 15)

" Noe" betyr også helbredelse. Og ber du om noe etter Hans vilje (helbredelse er Hans fullkomne vilje), da vet du at du har det du har bedt om.

Er det ikke enkelt?
Alle Guds løfter er en åpenbaring av hva det er Guds vilje og hensikt å gjøre for oss – i dag. Den første menighet tjente etter ett prinsipp: Guds ords prinsipp. I
Apg har vi et eksempel på hvordan Paulus på sine misjonsreiser grunnla menigheter og gjorde mirakler i den Herre Jesu navn:

" Og det traff seg så at Publius far lå meget syk av feber og blodgang. Paulus gikk da inn til ham og ba og la hendene på ham og helbredet ham. Men da dette hadde hendt, kom også de andre på øya som hadde sykdommer, og ble helbredet." (1Johannes 5,14 og 15)

Paulus fulgte sin Herres eksempel og helbredet **alle** syke.

Kapittel 23

Blant kulturer og religioner verden rundt med evangeliet

India-turen
Når du begynner å reise internasjonalt, får du etter hvert et slags internasjonalt vidsyn, - du blir en internasjonal person og begynner å se tingene internasjonalt. Du tenker ikke lenger norsk, men internasjonalt, og det igjen gjør at nordmenn ikke lenger forstår deg så godt.
Mennesker som bare lever i Norge eller i vesten og ikke har vært noe" under fjerne himmelstrøk" utenfor turist områdene. Turistene er i veldig stor grad, skjermet fra landet som de ferierer i.
Hjemme i hjemlandet, holder de seg stort sett seg innen en menighet, med det "snevre syn" (litt slemt sagt), som er der i menigheten, et syn rundt deres egen navle.
De forstår egentlig ikke hva som befinner seg og foregår i den unådde delen av verden utenfor Norges grenser. De forstår ikke at der faktisk

ligger en hel verden der ute, som ikke har hørt evangeliet.

De kristne sitter hjemme og tror de har oversikten og vet hvordan tingene skal gjøres, - de tror de har nøkkelen til det hele og er stolte av at" vi har det og vi vet hvordan tingene skal gjøres." Som sant skal sies, så er det mange som gjør sine prosjekter på misjonsfeltene. Det være seg av enkelt personer, organisasjoner eller menigheter.

Men det jeg skriver om her i boken – hvor er de – vitnet – Jesu Kristi vitne – som beviser
Vi lever i en helt ny tid, og Gud reiser opp et helt nytt folk – en ny type kristne over hele verden. Og det gjelder ikke bare en ny måte å bygge fellesskap i Skandinavia eller i Vesten generelt på. Det er ikke en ny type budskap som skal frem, heller ikke en ny type" tjenestegaver". Hvilken gave har du?, hvilken salvelse har du?.
Det må bli helt slutt på den type innstillinger og holdninger. Dette er egoismen i fører setet.

Kristus har reddet oss fra helvetes evige pine
Vi er enkle Kristi disipler, tjener, vitner. Han ga sitt liv for oss og reddet oss fra helvetes forferdelighet i all evighet.
La oss stå opp og i sammen med evangeliets utbredelse til de siste fronter med tegn, under og mirakler. Som de enkle Jesu Kristi vitner i ydmykhet og kjærlighet.

La oss gjøre misjonen med fokus på tegn, under og mirakler
Det gjelder en helt ny måte å drive misjon på. Gud gir oss nye visjoner om hvordan tingene skal gjøres så vi kan bli effektive for Jesus Kristus.

Kristus ga oss visjonen i misjons befalingen i Markus 16, 15 – 18

De nye visjonene peker bakover.
De nye visjonene er de gamle visjonene. Det finnes ingen nye visjoner. Kristus ga oss visjonen i misjons befalingen. La den visjonen, drømmen bli virkeliggjort igjennom ditt liv. De gamle visjonene bakover, går forover og leder oss, helt til Jesus kommer igjen.

Tror du det – så adlyd og gjør det
Mennesker rundt i menighetene sitter og ber: Å kjære Jesus, kom snart igjen! Og de sier: Ja, nå kommer Jesus snart.

Jeg må si det rett ut: Dette er kun egoistisk tale og bønn. De vet ikke hva de snakker om! Hvis Jesus kal komme igjen innen 150 år må vi virkelig begynne å stå på alle sammen, nå med en gang.

Jeg tror ikke at Jesus kommer igjen i morgen. Bare se deg om i verden, så forstår du at han kommer ikke i morgen.

Hver tunge, stamme og ætt skal høre evangeliet, og ikke bare høre det, men se det proklamert med bevis. Før det er skjedd kommer ikke Jesus igjen. (Apg 1,8 og Matt. 24,14).

" Fordi du ble slaktet og med ditt blod kjøpte oss til Gud av hver stamme og tunge og folk og ætt." (Åpenbaringen 5,9)

" Og jeg så en annen engel flyve under det høyeste av himmelen, som hadde et evig evangelium å forkynne for dem som bor på jorden, og for hver ætt og stamme og tunge og folk, (Åpenbaringen 14, 6)

Fjerne Østen
La meg fortelle litt fra en av mine evangeliseringsreiser til fjerne Østen. Jeg var først innom Bangkok og la til rette for møter senere. Etter det gikk reisen videre til Singapore. Der hadde jeg ikke korstog, jeg underviste de kristne både i Singapore og i Malaysia i to uker.

De kristne hadde ikke mer der enn vi har her
Det som slo meg, var at de kristne der ikke hadde mer enn det vi har i Norge. Eller rettere sagt, de har like lite som oss, og ser like lite resultater som vi gjør.

Jeg har budskap til hele verden.
Alle trenger dette budskapet, det er trist å se hvor lite innsiktkristne har i skriften. Det er det samme verden over. Over hele verden finnes det omtrent bare baby- kristne, det er sannheten!

La oss våkne opp
Når de kristne i Vesten begynner å gripe troens levende Ord, det åpenbarte Ordet og gjøre det, handle på det, vil forandring skje.

Det skjer jo nesten ingenting. Uansett hvor fantastisk forkynnelse som presenteres. Folket sitter kun å hører.

Jeg har ennå ikke hørt om en menighet som reiser seg og går rett ut i oppgaven i tro. Ut i Jesu misjons befaling.

Det ønsker jeg virkelig å se. Det vil skape revolusjon. Har du noen eksempler på at det fungerer maksimalt, så vil jeg gjerne høre om det.

Dette er ingen hard uttalelse – det er bare slik det er

De fleste har ingen målbevisst tro & visjon for noe som helst. De går bare etter de som roper høyest. Så vi har litt av en jobb å få gjort. Er det feil det jeg sier, så si det til meg.

Fra Singapore til Sri Lanka

På Sri Lanka ble jeg en uke og hadde korstog, alt var planlagt på forhånd. Medarbeidere fra Australia var med. De hadde gjort alt forhånds arbeidet. Australiere ble igjen etter kampanjen. De ble der over et år. Sri Lanka er en buddhistisk nasjon. Jeg talte i den byen der Buddha er gravlagt, det var en fryktelig hard by i det åndelige.

Mange tror det er bare å reise ut og be med mennesker i mengdevis.

Mange tror det er bare å reise ut og begynne å be til
Gud med mennesker, men det er ikke sant. Det har du vel forstått igjennom boken. Du har ikke mer ute enn du har hjemme.

Du må stå på mye mer og kjempe mye hardere for å komme igjennom der enn i Norge.

Troen kommer enklere frem, men det er kulturer, temperaturer, omstendigheter, religioner og språk å takle. Fysisk motstand møtes også ofte på.

Videre er det en masse som skal organiseres. De som skal hjelpe til er nasjonale og de har et helt annet tankesett enn oss. Så du ser, utfordringene står i kø hele veien.

Her som alle andre steder, satses livet for religionen. Det er storartet og prisverdig, de satser for det de tror på. De går i døden for det de tror på, så vi må ikke komme og neglisjere en religion. Det er ikke vår jobb å snakke negativt om den. Vi må respektere mennesker for det de tror på, og så gir vi dem evangeliet som Kristus har befalt oss gå med.

Vi gir dem Kristi kjærlighet og evangeliets kraft som et vitne
Vi gir det til dem med tegn, under og mirakler.
Så kan de selv velge om de vil ha Jesus eller ikke. Det er en real sak, som må respekteres. Verden trenger ikke" gasoline Preachers", for ved å gå imot religionene skaper vi bare opprør. Mennesker som er villige til å dø for sin religion tar gjerne livet av deg, når du går imot deres religion. Derfor må vi ha noe bedre å komme med. Ikke som en provokasjon, men i ydmykhet og kjærlighet. Vi må tro at den oppstandne Kristus har bærekraften som trengs, hvis ikke får vi bli hjemme i menigheten.

Det ble fantastiske møter på Sri Lanka. Det er gripende når mennesker i sin nød kommer og søker hjelp fra himmelens Gud. Da er vi der for å løfte de opp i Kristi kjærlighet. Jeg har flere mirakel historier fra Sri Lanka i mine andre bøker.

Fengselet på Sri lanka
Vi var også innom et fengsel. Der vi ba til Gud med 473 fanger, og jeg skal si deg det var jubel da alle ropte og klappet i hendene. Det var

gripende når alle fangene med hendene i været ba frelsens bønn.

Fengselsdirektøren var overbegeistret, for når vi viser mennesker Guds kjærlighet og at vi er glad i dem, da bryter det igjennom med alt.

Buddhismen og kvinnen som fødte en slange
Buddhismen har ført inn en rekke avguder, blant annet tilber de kobra slangen. Og jeg har lyst til å fortelle en historie som du selv får avgjøre om du kan tro på. Selv tror jeg den er sann.
Det var en kvinne som ikke kunne få barn, og som derfor gikk til en buddhistprest for å få råd. På hans oppfordring ba hun til kobraslangen og var deretter sammen med mannen sin på vanlig måte.
Hun ble gravid, og ni måneder senere fødte hun en slange. Satan er reell! Men Jesus lever også, og vi har svaret!

Vestlige narkomane
På Sri Lanka er det mengder av narkomane, og vet dere hva de gjør når de slipper opp for nåler til sprøytene sine? De skjærer seg opp med kniv, intramuskulært, de kutter opp i kjøttet og stapper stoffet inn og binder rundt etterpå.

I den sterke varmen gror ikke sårene så godt, men de blir fort infisert.

India

Etter Sri Lanka gikk reisen videre til India. Oppstarten ble opp i Andrabad, India, blant bare hinduer. Første kvelden var det knallhardt med 10 000 på møtet allerede første kvelden. Jeg trodde nesten ikke det jeg så. Opptøyer fra hindu prester var i gang. Andre kvelden var fremmøtet like stort, men akkurat som på første møtet ble ca. 100 stk. frelst, og bråket fortsatte.

En ble kraftig banket opp, og på vei til møtet. Bilen ble forsøkt hindret i å komme fram til møte området. Vi kjørte noen omveier for å slippe unna de som ville stoppe oss. Det var som i Apostlenes gjerninger.

Det kom trusler om vold imot hele teamet vårt. Det kom muntlige trusler fra hinduene. Det skulle komme overraskende angrep, men de kom heldigvis ikke. Hindu prester fulgte nøye med i møtene. Heldigvis gjorde de ingenting, de ble stående i bakkant og fulgte med.

Det skjedde så mye helbredelser at ryktene gikk som ild i tørt gress. Folkemassen var stabil i størrelse under hele korstoget. Det var ca. 10 000 også på de siste møtene. Dette har jeg også skrevet en del om i andre av bøkene mine.

Evangeliet må proklameres til en døende verden – av deg og meg.
I år 2011 regner man med 7 milliarder mennesker på jorda, og fire milliarder vil leve i Asia. Nesten ingen har hørt evangeliet. Skal vi få gjort noe må vi virkelig begynne å nå skarene, og derfor må hele misjons stilen vår legges om.
Vi kan ikke lenger sitte på en misjonsstasjon, ha ett møte i uka og resten er humanitært arbeid Nei, send misjonærene hjem og tren dem opp på nytt, hvis de vil betale prisen for Guds kraft. La de så dra ut igjen, hvis de virkelig vil gjøre det Herren har bedt dem om. Være med å fullføre misjonsbefalingen. Da er det ikke sikkert det blir så mye misjonærer igjen.

Inn i vitne tjenesten med livet som innsats
Skal man inn i vitne tjenesten, så er det med livet som innsats, hvis ikke så kommer du ikke inn i det.
Da vi dro fra staten Punjab ble det igjen et team på 20 stykker som skulle ta seg av oppfølgingen i tre måneder eller lenger.

På en eiendom vi kjøpte, skal et trenings senter bygges. Der skal vi trene opp disipler som kan forkynne evangeliet med tegn, under og mirakler, og gå ut i alle landene omkring.

Våre medarbeidere i India driver misjon på en helt ny måte. Å sende en misjonær fra Norge koster et enormt beløp hver måned, men der nede koster en misjonær bare en tiendedel. De arbeider i team, indere, australiere og europeere, - og hver misjonær blir støttet av sine sponsorer.

Dette er mine kjære brødre og søstre

En hollender med kone og to barn kom til meg og fortalte at nå hadde de kvittet seg med alt de eide for å bli i India resten av livet. Han var 30 år gammel. En annen hadde opplevd å få 150.000 kroner av en som hadde solgt alt han eide for selv å gå ut i tjeneste. Dette er radikalt – ja.

Vi behøver ikke gjøre akkurat som de, men vi må få andre perspektiver på hva vi vil og hvem vi vil tjene og hvordan.

Det går ikke ann å bli brukt av Gud, hvis ikke livet gis inn og satses. For vi kan ikke bli brukt av Herren uten virkelig å mene alvor, uansett hvor mye trosteologi og teknikk vi får inn.

Guds lys skinner i Amedabad

Et år tidligere hadde det vært gjort forsøk på å holde en kampanje i denne byen. Da hadde det blitt så kraftige opptøyer og voldeligheter, at sytten stykker ble drept foran plattformen. Det er helt utrolig at det er mulig, ja, at det er sant. En buss med kvinner og barn ble overhelt med bensin og tent på, og alle ble drept. Dette var hva de kristne fortalte meg.

India er et lovløshetens land, der et liv ikke er verdt noen ting. Om noen tar livet av deg er det ingen som bryr seg om det.

I India får mannen penger fra sin kones familie når han gifter seg. Ofte dreper mennene kona, og gifter seg på nytt for å få mer penger. På gatene går en over lik, blant mennesker som fødes og lever og dør på gaten.

Det er mennesker som aldri har eid et par sko eller en hel bukse. Kledd i filler bor de på gaten, og eier ingen ting.

Matutdeling

Det viktigste for oss er å forkynne evangeliet, men fordi vi elsker mennesker hadde vi også mat- udeling blant dem. Vi dro omkring med busser og hentet med oss de fattigste av de fattige, og serverte dem en middag av ris, karry og kylling. Tre tusen den første dagen og fem tusen den siste. Vi hadde to telt, ett for de spedalske og ett for alle de andre. Dette hadde vi ved møte området som var en cricket bane.

Gjennombruddet

Nå var det klart for møte, det kom et brev før vi skulle gå. Det var en trussel brev. Da vi leste det, sa en av brødrene: jeg vet ikke om jeg er klar for å gi livet mitt enda. Ja, det er alvorlig, det ser vi rundt oss over alt i samfunnet i dag. Trussel brev har jeg fått flere ganger i flere land. Men i denne kvelden kom det store gjennombruddet. Satan så nemlig at vi ikke hadde til hensikt å bakke ut.

Proklamer i kveld eller slutt å proklamer for alltid

Jeg kjente så tydelig at hvis vi trakk oss her, kunne vi bare slutte å forkynne evangeliet, - slutte å bekjenne hvor sterke vi er i Herren.

Vi ville jo da ha bevist ved våre handlinger at vi ikke trodde det vi forkynte. Så vi sto bare på og forkynte kjærlighetens budskap som går igjennom over alt.

Vi fortalte dem at det er en type mennesker som Jesus elsker veldig, veldig høyt, og det er hinduene.
Akkurat som det på Sri Lanka er buddhistene og i Pakistan muhammedanerne. Jesus elsker alle like mye, så det var jo sant.
Så begynte miraklene å skje. Mirakler på mirakler, hundrevis av dem. Og så begynte folk å komme, og tusener ble frelst. Etter hvert kom vi opp i 100.000 på møtene. Tenk på det, det er voldsomme folkemengder.

Fra India til Pakistan – Pionervirke – Front evangelisering
Fra India dro vi til Pakistan, og der var det mye hardere. Vi kjente med en gang et mye større press blant muslimene. Her var det helt forbudt å forkynne evangeliet. Dette var på begynnelsen av åtti tallet. Vi var i pionervirke.
En vag tillatelse for en konferanse ble innvilget, men vi skulle her arbeide sammen med de religiøse samfunnene, ikke bare såkalt kristne samfunn. Her var hummer og kanari samlet. Vi fikk snart erfare hva det innebar.
Til konferansen i Pakistan kom mange tusen, her var 12 000 på det meste. Møtene ble organisert

og ledet av forskjellige underlige samfunn, ikke bare kristne samfunn. Det var en voldsom blanding.
Vi opplevde hvordan klokkeslett, bestemmelser, meninger, holdninger og humør, gikk foran kjærligheten og et system med orden.
Da vi endelig kom til punktet å be for de syke og mennesker strømmet frem mot plattform kanten (mange lamme ble båret av sine venner til møtet), dette var så gripende at selv et stein hjerte gråter. Da erklærte møtelederen at det var på tide å avslutte.
Ingen protester hjalp, denne såkalt kristne mannen sto på sitt.

Vi går bort ditt
Vi gikk ut etter jeg hadde sagt over mikrofonen: jeg går bort dit. Jeg pekte bort på et område, utenfor der møtet var. Hele folket fulgte etter. Og der ute på gaten på en stor plass, ba vi for folk i timevis.
Det var ikke nødvendig å legge hendene på dem, vi bare ropte til lamme, døvstumme og besatte at de skulle ta imot i Jesu Kristi navn, for en nød.

" Kjære Gud, hvis ikke du helbreder disse menneskene så gjør jeg det!"
Hver kveld kom en mann kjørende 6 mil med en tilhenger full av syke, og akkurat som de fire i Mark. 2 kom bærende med sin venn kom fire og fire løpende til plattformen med lamme mellom seg.
En av de som var med fra Norge for å oppleve dette, skrek ut sin nød da han så all denne lidelsen:" Kjære Gud, hvis ikke du helbreder disse menneskene så gjør jeg det!"
Jeg forstår akkurat hva han mente. Nøden er så overveldende og håpet der nede så lite. Vi må få Guds lidenskap inn i våre liv, det holder ikke med trosteologi og teorier om utfrielse og autoritet. Vi må forstå hva virkeligheten er. Jesus ga sitt liv for hele verden.

Verden venter på deg og meg!
Verden går til helvete fordi vi ikke er der! Det er en fryktelig sannhet.
folk kommer begeistret og forteller om sterke, herlige møter og helbredelser i vesten. Jeg synes ikke det er så mye å rope hurra for, når verden ligger urørt og venter på evangeliet. Vi må akseptere, sette oss inn i og forstå Guds plan og

vilje. Vi må gå Hans vei med våre liv. Den begeistringen som bare flyter i sjelslivet er ingen ting verd, vi må komme inn i dybden og få taket på Guds hjertesak og Guds hjertesak må få tak i oss.

Jeg skulle ønske alle ble med
Jeg skulle ønske alle kunne bli med og selv se Afrikas og Asias menneskemasser. Ikke minst Asia med alle sine religioner. Tenk hinduene har 300 millioner guder – Det er en steinhard misjonsmark, men evangeliet bryter igjennom over alt.

Vi har svaret!
Overalt der vi dukker opp og forkynner evangeliet går det igjennom, selv om det av og til tar litt tid. Så lenge vi ikke gir opp **har** vi seieren, det er det som er det fantastiske. Men vi må forstå at det er nød, - i Nord- India reiste en mann 160 mil til møte for å bli helbredet. Det er en enormt lang reise. Vi sitter her hjemme og har evangeliserings konferanser, men hvorfor går vi ikke heller ut og evangeliserer?

" Og nå, Herre! Hold øye med deres trusler, og gi dine tjenere å tale ditt ord med all frimodighet."

Det å evangelisere er ikke bare å spre traktater, men å understreke det du sier med handlinger. Og så begynner bråket, for da kommer de religiøse og sier at du må være mer kjærlig og viselig. Men vi er ferdige med det stadiet, Vi kommer til å si det samme som menigheten i Jerusalem da Peter og Johannes hadde vært for det høye råd:

" Og nå, Herre! Hold øye med deres trusler, og gi dine tjenere å tale ditt ord med all frimodighet,

Idet du rekker di hånd ut til helbredelse og til tegn og til undergjerninger ved din hellige tjener Jesu navn." (Apg. 4, 29 – 30)

Vi står med hverandre og går i den Herre Jesu navn.

Som forrige gang jeg var ute, ble jeg også nå hardt angrepet av sykdom. Jeg kastet opp og lå til sengs i flere dager, og hadde febertokter om nettene.

Jeg ble nesten irritert på meg selv, for at kroppen ikke klarte å følge opp. Men likevel sa jeg til medarbeideren min:" Vi kjører bare fremover." Det er nødvendig å bite tennene sammen og gå på og vise Jesus at vi mener alvor. Vi" bakker" ikke unna. Vi har livets ord, det som ingen andre har, og om jeg hadde ligget rett ut ville jeg likevel talt helbredelse og det gjør jeg.

Vi bøyer ikke av, verken til høyre eller til venstre, for vi har ikke det timelige for øyet, men det usynlige. Vi glemmer det som er bak og strekker oss etter det som er foran. Verden venter, Afrika og Asia gråter, Syd- Amerika gråter, øyene i havet gråter, Jesus lever!

Mnatsi Modja korstoget i Dar Es Salam
Det har aldri vært et Åndelig gjennombrudd i Tanzania. Tidligere har det vært forbudt å ha kristne utendørs- møter og spesielt hardt har det vært i hovedstaden Dar, der den politiske makten er.

Jeg hadde en kampanje tidligere i Dar, men jeg ble henvist til ytterkant av byen, men nå var jeg mitt i kjernen av byen Dar Es Salam.

Helt overraskende fikk jeg skriftlig tillatelse fra myndighetene til å holde korstog på Mnasi Modja stadion i Dar, denne stadion blir kun brukt til politisk virksomhet. Men denne skulle vi altså få bruke, og det også i måneden **ramadan**, som er muslimenes hellige måned. Dette er jo en muslimsk nasjon, med et kommunistisk styre.

Rett før møtene skulle begynne, fikk jeg beskjed fra myndighetene at jeg allikevel ikke kunne bruke stadion alle dagene fordi de skulle ha en politisk feiring, og det kom presidenter fra flere Afrikanske stater for å delta i feiringen.

Brødrene ga opp med en gang

De Afrikanske brødrene som jeg samarbeidet med ga opp med en gang, men jeg sa til dem: Vi har en skriftlig offentlig tillatelse. Vi krever vår rett. Jeg ba de gå tilbake til myndighetene og si: Dere kan få stadion de dagene dere ønsker, mot at jeg får 30 minutter å hilse folket på.

Dette gikk de ikke med på, men de lot meg få ha stadion ifølge min avtale med dem, og de fant seg et annet sted for feiringen. Dette så jeg som en triumf også åndelig. Det bare viste hva som kom til å skje de kommende dager.

Møtene begynte med ca 5000 mennesker ifølge brødrene var vi oppe i 30 000 mennesker de siste dagene. Brødrene hadde ikke hengt opp mer enn ni plakater av frykt for muslimene, jeg hadde trykket 300 plakater. Så det var ikke skikkelig avertert. Men vi opplevde at miraklene allerede var i gang i ånden. Hver dag, tre ganger om dagen over hele nasjonen hadde vi averteringer for møtene, dette la Herren til rette etter vi kom til Dar. Det var helt utrolig, Averteringer gikk på den stats eide radioen. Dette var det et par av de lokale brødrene som klarte få igjennom.

Det første møtet var spent, men det slo igjennom i Åndens kraft og helbredelser begynte og skje og demonene begynte å manifestere seg. Menneskemengden økte med tusener kveld etter kveld. Muhamedanere og hinduer om hverandre ga sine liv til Jesus Kristus i møte etter møte. De demon - besatte ble båret bak plattformen og satt fri. Kveld etter kveld hadde vi lange køer med mennesker som ville fortelle hva Jesus hadde helbredet dem fra.

Den lamme hindu kvinnen som ble helbredet og familien som ble frelst.

I et av møtene mens jeg holdt på med vitnesbyrd av en Hindu kvinne som hadde vært lam, men som nå var helt frisk, hørte jeg et barn som skrek og skrek bak meg på plattformen. Jeg tenkte med

meg selv, hvorfor lar de det barnet være bak meg på plattformen og skrike slik.
Etter vitnesbyrdet fra Hindu kvinnen, som da også ble frelst med hele sin familie. Det var fantastisk, hele familien med hinduer kom opp på plattformen. Jeg ledet de alle til Kristus offentlig. Det var en høytidsstund.

Født døv stum
Så kom de til meg med barnet som skrek og skrek. Det viste seg at den tre års gamle gutten som det var, var født døvstum. Han hadde aldri i sitt liv hørt en lyd.

Det var ikke rart han skrek, først fikk han høre folkehavets brus som sitt første hørselsinntrykk og stemmen hadde kommet til rette hos ham, så det var vel ikke annet enn normalt at det ble skriking og atter skriking fra ham, og folket jublet med.

Helbredet fra aids
En kvinne og hennes barn som hadde aids ble momentant helbredet. Kvinnen klarte omtrent ikke å holde seg på benene, da hun ikke hadde styrke igjen i kroppen. Barnet hadde åpne sår i

hele ansiktet. Dagen etter helbredelsen kom kvinnen til plattformen med sitt barn.

Vi så kvinnen hadde fått tilbake styrke i sin kropp og gleden var stor. Hennes barns blødende åpne sår hadde tørket inn og forsvunnet. Dette var bare en dråpe av eksempler av alt det Jesus gjorde Mnasi Modja Korstoget, men det inspirerer til å stå på for Jesus enda mer, etter som Ånden leder.

Det er litt underlig, jeg har hatt for vane å komme til muslimske nasjoner i måneden for ramadan, muslimenes faste måned.

Gudjaranawalla korstoget Pakistan

Jeg hadde hatt et korstog i en by ved navn Gudjaranawalla nord i Pakistan. Det var ca 10.000 mennesker til stede hver kveld, og allerede første kvelden brøt det igjennom. Mirakler skjedde over hele forsamlingen, de onde ånder for ut og de syke ble helbredet.

Det samme skjedde kveld etter kveld, og det ble bare sterkere og sterkere fra møte til møte. Hundreder ble mirakuløst helbredet hver kveld. Politiet var på alle møtene og holdt orden på massene. Folket ble så overbegeistret over alt

som skjedde, at det til tider var vanskelig å kontrollere dem.
Det var bare brøkdeler av de som ble helbredet som fikk anledning til å vitne. Skulle alle fått vitnet, om hva Jesus hadde gjort for dem, så måtte vi ha drevet på hele natten. Jeg har ikke tall på hvor mange døve, stumme, blinde, forkrøplede og døvstumme som ble helbredet. Dette er helt uttrolig, det er som i Bibelens dager. På det siste møtet ble det så kraftig at mennesker begynte å ta imot utfrielse fra Herren ute i gatene mange hundre meter vekk fra der korstoget var.

Moren og de tre døtrene
Etter siste møtet da jeg hadde kommet meg i" sikkerhet", kom en mor med sine tre døtre, de var alle døvstumme. Jeg lot de komme inn. More fortalte at alle de tre jentene hennes var døvstumme og at de hadde kommet for sent til møtet. Mens jeg sto og snakket med moren deres, og fortalte at Jesus var den samme her i huset som på møte området, begynte ting plutselig å skje. Den ene fikk igjen stemme og hørsel etter den andre. Til slutt var de alle helbredet. Jeg hadde ikke bedt for dem. Men Jesus i sin godhet hel-

bredet dem alle sammen der og da. Det er fantastisk hvilken Jesus vi tjener. **Han har all makt.**

Da de 7 kongedemonene og deres undersåtter måtte forlate Morogoro, Afrika

Enda en triumf kan noteres inn i Herrens triumfbok, Kristi seier er og blir en seier til evig tid. Morogoro korstoget og undervisningsseminaret ble en total seier over Satans verk i byen gjennom generasjoner. Da jeg med korstogs teamet kom til byen, kjente vi alle at her var en veldig konsentrasjon av mørkets makter, så øyeblikkelig gikk jeg selv og hele teamet inn i bønn og faste.

Korstoget startet opp og hundreder ble frelst og mengdevis ble mirakuløst helbredet ved Guds kraft.

Etter tre dager i bønn og faste, klokken 2,50 på naten, avslørte konge demonene i byen seg for oss. Jeg og to av brødrene i teamet sto ute på altanen da avsløringene kom. Vi fikk navnene og hvor de holdt til og hva slags kraft de utøvde. Da var saken grei. Når de avslører seg, da vet de at deres tid er ute.

Byen var kontrollert av voodoo demoner
Jeg hadde ikke forventet å møte denne type demoner i denne byen, jeg hadde mer forventet den vanlige naturreligions åndene.
Her var den samme type demoner tilstede som vi finner på Haiti i det Karibiske hav, voodoo demoner. Disse demonene har i hovedsak hatt sitt tilhold i stammer i Benin, Vest Afrika. De holder messer på gravplasser og døde står opp som zombier under demonisk kraft. Mennesker tar frivillig imot besettelser, andre blir forbannet til døde ved deres virksomhet.
Nå var de avslørt, og de visste at de måtte forlate byen. På møtet dagen etter fortalte jeg om dette og sa:" Her i kveld kaster vi de syv kongedemonene og deres undersåtter ut av byen." Jeg pekte opp på det store fjellet bak møteområdet og sa videre:" Der holder de til, blant heksedoktorene." Gud hadde vist oss alt sammen.
Du kunne høre" ei nål falle" på møtet, så stille ble det. Jeg fikk alle til å trenge mot plattformen, så de fikk oppleve en nærere kontakt med meg. De hadde i generasjoner hvert undertrykket og i frykt for Voodoo.

Nå bandt jeg kongedemonene og befalte dem å forlate byen. Da det var gjort, kom det en vind fra fjellet og blåste over hele møteområdet. Da vinden hadde passert, ble det helt rolig.
Da sa jeg: Demonene har forlatt byen. Så gikk jeg ut og utfordret alle heksedoktorer på fjellet og i byen. Dagen etter kom en heksedoktor ned fra fjellet. Han torde ikke komme til meg, så han gikk til en av medarbeiderne.

Vi sender vannflom, sa heksedoktoren
Han sa:" Hvis ikke denne forkynneren stopper møtene øyeblikkelig, så kommer en stor vannflom fra fjellet og drukner hele folket på møteplassen." Dagen etter, som og var det siste møtet, tok jeg dette frem, og sa: "
En heksedoktor fra fjellet kom hit til meg med trusler. Han sa: En vannflom skal komme hvis møtene ikke stopper." Hvem tror han at han er? Han er en kujon som ikke torde ta imot utfordringen jeg ga ham.
Det er riktig at det kommer en flom i kveld, men ikke av vann, men av kraften fra den Hellige Ånd på grunn av Kristi verk på Golgata.

Heksedoktorene fikk mulighet til å vise sin makt

" Når møtet er over sa jeg: Jeg gir heksedoktorene en siste mulighet til å komme, og vise sin kraft, en kraft de ikke lenger har." Kongedemonene hadde jo allerede forlatt byen.

Ingen heksedoktorer kom frem for å vise sin makt. Jeg sa til folket:" Undertrykkelsen i byen og heksedoktorenes makt over folket er forbi. Kristi fullkomne seier har kommet til byen for å bli, fra i dag er denne byen forvandlet."

Det ble en veldig seiersfest den siste kvelden og plattformen var helt overfylt av bønneduker som folket kastet opp og som vi ba over. Hele korstoget ble en eneste demonstrasjon av Guds herlighet og Kristi fullkomne seier på Golgata. Det kunne ikke ha blitt bedre. En renselses marsj til alle hus i byen, for å fjerne amuletter over dørene, ble arrangert og gjennomført.

Zanzibar-miraklet

Mennesker sa det var umulig – Gud sa: Alt er mulig. Dette var min tredje tur til Zanzibar. Jeg ga ikke opp den nasjonen. På denne turen brøt det igjennom, og det ble et nasjonalt gjennombrudd som berørte hele landet.

Slaveøya Zanzibar

Og det er et virkelig stort mirakel, siden dette er en forhenværende slaveøy, som har Islam som religion, og som samtidig er mikset opp med hinduisme. Nasjonens politikk er marxist-leninistisk.

Jeg visste at det var stor satanisk aktivitet der i form av heksedoktorer og trollmenn. Men at det var i et slikt omfang og med en slik innflytelse som det virkelig hadde, ante jeg ikke. Menneskelig sett er den øya umulig.

Jeg ble arrestert av politiet, jeg ble steinet, og jeg ble innkalt til politisjefen i landet to ganger. Den andre gangen jeg var hos ham, ønsket han meg velkommen igjen.

Zanzibar TV

Den stats eide fjernsynsstasjonen har en direktør som tidligere hadde vært på to av mine møter i fastlands Afrika. Han ga meg full frihet til å bruke sitt medium. Jeg hadde fjernsynssendinger hver dag, og jeg var på hver eneste nyhetssending med nye mirakler og utdrivelse av onde ånder.

Med eget videoutstyr filmet vi alt Gud gjorde og brakte det rett til TV- stasjonen og rett ut på nyhetssendingene. Vi brant heksedoktor- utstyr og amuletter hver kveld. Vi proklamerte seier over alt Satans verk i hele nasjonen. Dette sendte vi også over nyhetene på fjernsynet.

Blinde ser – det første miraklet i Zanzibars historie

Den første blinde som fikk igjen fullt syn, var en ung kvinne. Hun ble så overveldet, at hun sto bare å kikket ned og ut i luften og pekte.

Fryktsomme misjonærer

Det bodde noen andre hvite på det hotellet som jeg og
teamet jeg hadde med meg, bodde på. De sa: Vi tør ikke å bo her som dere bor. Vi er redd hotellet skal bli stormet. Det kom trusler til hotellet om akkurat deg. Så du forstår, vi er i en reell kamp der seieren allerede er vunnet. Men vi må stå fast i troen på Jesus Kristus.

Gratulasjoner for gjennombruddet av myndighetene.

Jeg fikk også gratulasjoner fra myndighetene for gjennombruddet på Zanzibar, og det var jo helt utrolig. Men slik er Gud. Jeg utfordret heksedoktorer offentlig over fjernsynet, men de var livredde. For de visste at hvis jeg bare tok på dem, så mistet de sitt levebrød, fordi deres demoniske kraft ville forsvinne. Men noen heksedoktorer ble også satt fri.

De skyter deg
Mange muhammedanere og hinduer torde ikke komme for å bli frelst på møtene om dagen, så vi hadde stasjonert folk på møteområdet om natten. Muhammedanere og hinduer kom i flokkevis for å bli frelst.
Nå er menighet blitt grunnlagt på Zanzibar, og den heter **Zanzibar Abudant Life Center**. Mennesker på Afrikas fastland trodde nesten ikke sine egne ører da de fikk høre om dette, for det har vært regnet som umulig. På en tidligere kampanje på i Tanzania, fortalte jeg brødrene at jeg ønsekt å dra til Zanzibar. Da ble de redde og advarte metg på det sterkeste om ikke å reise ditt. De sa jeg ville bli skutt hvis jeg reiste.

Som å komme til paradis
Da jeg ankom Zanzibar første gang i 1985 var det en helt spesiell opplevelse. Det var som å komme til paradis. Det var slik en fred over lan-

det og menneskene var så vennelige og åpne. De var hjelpsomme over alt jeg dukket opp. Men de hadde et stort problem på øya og det var hekse-doktorene som kontrollerte nasjonen. De var også et stort problem for landets president.

Flere historier fra verden rundt i alle mine andre bøker.

Kapittel 24

En krigers tros dråper

Dråpe 1
Satans eneste kraft/makt over kristne, er den de kristne gir ham.
Satans kraft er bare virkelig I livene til de mennesker som ikke har omvendt seg og gitt alt til Jesus. Satan har ingen makt i kristnes liv, Guds barns liv. Gi ikke djevelen rom.

Dråpe 2
Satans autoritet er bare virkelig I den verden, hvor det ikke finnes Omvendelse fra synd.

Dråpe 3
Tro er tro I og på Guds Ord, bibelen. Aksept av Guds Ord, Uansett Hva omstendighetene i livet sier.

Dråpe 4
Hvis du er født på ny, overvinner du verden, hvis du tror det." For alt

«Alt det som er født av Gud, overvinner verden, og dette er den seier som Har overvunnet verden, **vår tro**" (1 Joh 5, 4)

Dråpe 5
Bruk din Gud gitte djervhet til å aktivisere troen i deg.

«Jesus Kristus vår Herre I hvem vi har all vår frimodighet og adgang til med tillit ved troen på ham.» (Ef. 3, 11-12)

Ef. 6, 19-20, Fil. 1, 20, 1 Tess. 2,2, 1 Tim 3, 13, Heb. 3, 6, Heb. 4, 16, Heb. 10, 19, Heb. 10, 35, 1 Joh. 3, 21, 1 Joh. 4, 17.

Kapittel 25

Refleksjoner

Det var fantastisk å gå igjennom denne boken på nytt. Den har ikke vært gitt ut siden 1990. Jeg har redigert den på nytt, det har også min kone gjort. Når jeg leser boken, er det som Herren sier til meg. Tom dette er deg, ser du ikke hvor bundet det landet du kommer fra er. Jeg har så mange venner fra hele verden som satser alt for Jesus og lever i frihet og kjærlighet. Dere skulle alle ha vært med ut i blant dem. Dere ville ha elsket det. Den nasjonen du kommer fra kan bli fri hvis den vil sier Herren. Jeg kjenner Guds kjærlighet og frihet strømmer på når jeg leser min egen bok. Slik vil det bli når du leser denne boken også. Er du åpen vil du bli fri ved å lese denne boken. Vil du bli et sterkt redskap for Herren så kan du det. Veien dit starter nå, viss du vil.

Tom Arild Fjeld

Forfatter

Tidligere utgitte bøker av Tom Arild Fjeld

Hvordan motta frelsens mirakel norsk, også utgitt på Bulgarsk, Rumensk, Gassisk og engelsk

Hvordan motta helbredelsens mirakel

På Barrikaden

Mer enn en overvinner

Virkelig fri

Bøker nylig utgitt av Tom Arild Fjeld

Kraften vinner krigen

Få lausbikkja ut (Norsk og engelsk)

Den skjulte verden

Dressa opp for seier

En kriger for Kristus

Han ga sitt liv – ingen kunne ta det (norsk, engelsk)

Gå ut i all verden

Slagkraft i åndens verden

Seier over Satan

De guddommelige virkeligheter

1 Daglig gjennombrudd (3 mnd.)

2 Daglig gjennombrudd (3 mnd.)

3 Daglig gjennombrudd (3 mnd.)

4 Daglig gjennombrud (3 mnd.)

Bli født på ny (på rumensk)

www.ingramcontent.com/pod-product-compliance
Lightning Source LLC
Chambersburg PA
CBHW060822050426
42453CB00008B/554